EMIL OESCH

Der Mensch am Steuer seines Lebens

18. Auflage des Titels «Der Mann am Steuer»

EMIL OESCH VERLAG, THALWIL-ZÜRICH

Alle Rechte vorbehalten

Jeder Nachdruck in irgendwelcher Form sowie Wiedergabe durch Fernsehen, Rundfunk, Film, Bild- und Tonträger oder Benutzung für Vorträge, auch auszugsweise, darf nur mit Genehmigung des Verlages erfolgen.

ISBN 3-85833-161-9

Gesamtdeutsche Rechte © bei
Emil Oesch Verlag AG, Thalwil-Zürich

Inhaltsverzeichnis

Zum Geleit 7

Der Mensch am Steuer seines Lebens 11
    Der Mensch am Steuer bleibt zu jeder Zeit positiv 12
    Mit der Zeit gehen 16
    Informiert sein 20
    Wer vorausplant, erreicht mehr 23
    Manches ginge besser, wenn man's gelassen nähme . . . 30
    Entspannen können 32
    Sich frei machen, Distanz gewinnen können 33
    Distanz gewinnen und doch das Naheliegende tun . . . 40
    Wer ist ein Chef, ein Führer? 41
    Bereit sein ist alles 47

Persönlichkeit, Mensch, Charakter 51
    Das Eigene pflegen 52
    Der Begeisterungsfähige setzt sich durch 58
    Es kommt darauf an, was wir aus Zeit und Umständen machen 62
    Sich selbst zu helfen wissen 66
    Über die Kunst der Menschenbehandlung 69
    Mensch und Arbeit 76
    Was ist Freiheit? 82

Vom Dienen und Verdienen 87
    Wie wir säen, so ernten wir 88
    Von der Dienstleistung 92
    Von Geld und Besitz 96
    Die Fähigkeit, Geld zu verdienen, kann auch die Fähigkeit sein, andern nützlich zu sein 102

Von der Lernbereitschaft 109

Kann man jederzeit und im Alter noch hinzulernen? . . 110
Aus den Erfahrungen anderer lernen 117
Keiner ist allein auf dieser Welt mit seinen « ganz besonderen » Problemen 124
Die chinesische Gebietsmauer 126
Von der Kunst, Zeit zu haben 131
Nicht gegen, sondern für etwas kämpfen 133
Die Sonne scheint für alle Leut 136
Arbeit um der Arbeit willen 137

Schwierigkeiten sind da, um überwunden zu werden 139

Wie Schwierigkeiten leichter überwinden? 140
Nicht sorgen, sondern wagen 146
Klagen macht unsere Zeit nicht besser 153
Ruhig weiterarbeiten, weiterbauen 157

Wie sich Ideen finden und entwickeln lassen . . . 163

Mit offenem Sinn im Leben stehen 164
Möglichkeiten sehen und Möglichkeiten schaffen 167
Wie sich Ideen finden und entwickeln lassen 172
Die besten Ideen findet man oft ausserhalb des eigenen Fachgebietes 196
Die Idee ist wertbeständiger als jede Münze 203

Bestimmung und Erfolg 205

Wir müssen Ziele haben, die des vollen Einsatzes wert sind 206
Mittelmässigkeit überwinden 212
Rechtzeitig entscheiden können 218
Wer Erfolg haben will, muss immer auch den Preis dafür bezahlen 222
Danken können 225
Beruflicher Erfolg — Erfolg in der Gemeinschaft . . . 228
Was ist persönlicher Erfolg? 232
Vom Sinn des Erfolges 237

Zum Geleit

Dieses Buch richtet sich nicht an eine bestimmte Schicht von Lesern, nicht an irgendeine Berufsklasse oder an einen Stand. Es richtet sich an alle, die das Steuer ihres Lebens in die eigene Hand zu nehmen gewillt sind.

Mensch am Steuer ist jeder, der sich nicht willenlos von den Wellen treiben lässt, sondern frei und zielbewusst den Kurs selbst bestimmt.

Dieses Buch will nicht Lesestoff sein für müssige Stunden. Die darin niedergelegten Gedanken warten auf Anwendung im praktischen Leben.

Natürlich wäre es leicht möglich gewesen, die Ideen, die es enthält, breitzuschlagen und dem Leser jede einzelne Nutzanwendung, die sich daraus ergibt, vorzudenken und mit Beispielen zu illustrieren.

Mit voller Absicht aber bedient sich dieses Buch der Spruchform, in der sich, wie in einem Brennglas, ein weitläufiges Gedankengut sammeln lässt.

Dadurch lädt es den Leser ein, selber weiterzudenken, Folgerungen zu ziehen und sie auf sein eigenes Tätigkeitsgebiet zu übertragen.

Heute lesen die meisten Menschen zu schnell und zu flüchtig.

Nicht zur Zierde finden sich in diesem Buch nach einzelnen Sätzen breite weisse Zwischenräume. Sie sollen zur Besinnung anhalten über das Gelesene, sie sollen Pausen bedeuten, während derer der Leser über die Folgerungen für sein eigenes Tun und Leben nachdenkt.

Der Fehler vieler Bücher liegt darin, dass sie Ratschläge erteilen, die man nachher einfach mechanisch befolgen soll. Daraus aber wächst nichts Brauchbares und Lebensfähiges empor.

Nein! Der Leser soll Anregungen empfangen! Was er selber schon erlebte und dachte, soll ihm zum Leben erwachen. Seine Gedanken sollen in Bewegung geraten auf ein ganz bestimmtes Ziel hin: die Meisterung des eigenen Schicksals in Beruf und Leben.

Weil dieses Buch die Aufgabe eines Anregemittels erfüllt, kann es immer und immer wieder dem Leser dienen. Wer es einmal liest, wertet es nur zum geringsten Teil aus. In jeder Lebenslage, in die wir hineingeraten, haben wir von neuem nötig, Zuversicht und Orientierung zu schöpfen aus den

Leitsätzen, die jeder fruchtbaren Tätigkeit zugrundeliegen. Manchmal wird es dieser und manchmal jener Satz sein, der einem besonders einleuchtet. Alle Gedanken dieses Buches aber sind die Niederschläge einer grossen Erfahrung und langen Nachdenkens über den Sinn der Arbeit, des Berufes und des Erfolges, und darum werden auch alle wieder auf das praktische Leben zurückwirken.

Was wir heute brauchen, sind fähige und einsatzbereite Menschen, die ihren Tag nicht verträumen, sondern im Dienst der Gesamtheit ihre Erfüllung finden.

Denen, die zu einem solchen Einsatz willens sind, möchte dieses Buch Wegweiser und Ansporn sein.

Der Mensch am Steuer seines Lebens

Der Mensch am Steuer bleibt zu jeder Zeit positiv

Was in jedem Arbeitsfeld, ob klein oder gross, not tut, sind Menschen, die sich durch ihre moralische und seelische Kraft über allen Kleinglauben und alle Schwierigkeiten hinweg zu positiver Aufbauarbeit gefunden haben.

Der Mensch am Steuer bleibt zu jeder Zeit positiv

Zeiten, wie wir sie jetzt erleben, vermögen uns entweder grösser oder kleiner zu machen. Sie zeigen, was an uns ist.

*

Erfolgreiche Unternehmer waren zu allen Zeiten «unternehmend», deshalb ja auch die Kennzeichnung «Unternehmer». In jedem Menschen, der den Mut hat, etwas zu unternehmen, steckt das Zeug zu einem Unternehmer.

*

Die Entwicklung der Welt mit ihrem Auf und Ab ist ein stetiger Aufbau von Neuem und Besserem. Auch Zeiten der Gärung sind Anzeichen dafür. Wenn wir die Anzeichen zu deuten verstehen, dann schrecken sie uns nicht.

*

Eine der wichtigsten Fähigkeiten des Menschen, der führt, ist die, über den Dingen zu stehen, um auch in schwierigsten Situationen über klare, freie Entscheidungskraft zu verfügen.

Der Mensch am Steuer bleibt zu jeder Zeit positiv

Wer wirklich führt, zeigt gerade dann, wenn es nicht leicht geht, was an ihm ist. Er verliert in keiner Minute den Kopf, überstürzt keine Entscheidungen und bleibt vor allem ruhig und der Situation überlegen.

Der Mann am Steuer bleibt zu jeder Zeit positiv. Seine Mitarbeiter schauen auf ihn, seine Umgebung schaut auf ihn. Er muss positiv sein.

Er bleibt in jeder Situation der Mann, der weiss, was zu tun ist, der aus jeder Lage das Beste herauszuholen weiss. Er steht aufrecht da und hat die Gewissheit, auch mit allen kommenden Dingen fertig zu werden.

Nur der Mensch, der seine Haltung und seine Ruhe nicht verliert, wird imstande sein, das jeweils Richtige anzuordnen und selbst zu tun.

♣

Was können uns übrigens die Verhältnisse anhaben? Die Verhältnisse haben nur die Macht über uns, die wir ihnen selbst geben.

Unser Leben steckt nicht in den Dingen, sondern in uns, und wenn uns Geschaffenes zerstört wird, dann werden wir noch Besseres bauen.

Der Mensch am Steuer bleibt zu jeder Zeit positiv

Um seine Geschäfte besorgt zu sein, heisst nicht, sich zur Unzeit damit negativ sorgend zu befassen.

*

Wer ein erfolgreicher Steuermann sein will, hüte sich vor Ansteckung durch den Bazillus Negativus.

*

Kümmern wir uns um unsere eigenen Sachen, um unsere eigene Arbeit so, dass wir positiv sein können, und dann : durch dick und dünn!

*

Der Mann, der seinen Optimismus alle paar Stunden aufwärmen muss, ist entweder nicht am richtigen Platz oder nicht der richtige Mann.

*

Mindestens einmal im Jahr sollte sich jeder Mensch klar darüber werden, welcher Art seine Sorgen sind.

Mit der Zeit gehen

Die Arbeit von heute kann nicht mit den Methoden von gestern gelöst werden.

Mit der Zeit gehen

Mangelnde Anpassungsfähigkeit, das Sitzen auf alten Lorbeeren, mangelnde Erkenntnis für den Wandel der Zeiten, Unterschätzung der Kräfte bestehender und kommender Gegenströmungen, haben grossen und kleinen Unternehmungen, ganzen Industrien, ja ganzen Weltreichen den Untergang gebracht.

*

Wenn es irgendwelche Anstrengung brauchte, vom heutigen Tag in den morgigen hinüberzurutschen, dann gäbe es nicht wenige Leute, die immer beim Gestern verblieben.

*

Es ist gut, auf dem rechten Weg zu sein. Wer aber mitten drin stehen bleibt, ist in Gefahr, überrannt zu werden.

*

Zum Vorwärtskommen gehört das Vergessenkönnen. Wer Überholtes nicht wieder vergessen kann, lernt nichts hinzu.

*

Eine Gemeinschaft muss immer etwas Lebendiges sein, die in ihren Formen und besonders auch in

Mit der Zeit gehen

ihrem Geiste mit der Zeit zu gehen hat. Dabei soll dem Einzelnen auch weiterhin jede Freiheit zur persönlichen Entfaltung und zu guten Leistungen verbleiben.

*

Nur die bewegliche, anpassungsfähig organisierte Arbeitsgemeinschaft kann lebensfähig bleiben.

*

Eine grosse Gefahr für viele besteht darin, sich auf das Warten zu verlegen, auf die Besserung der Lage und auf den günstigeren Augenblick zu hoffen.

*

Der aufgeschlossene Mensch ist stets neuen Ideen zugänglich und erprobt ständig Verbesserungen.

*

Welche Zeiten sind normal? Für den Fortschrittlichen, der nicht auf die Rückkehr der sogenannten normalen Zeit wartet, ist jedes Jahr normal, wenn es den Erwartungen entspricht, die er sich auf Grund realer Einsicht und klarer, kühler Berechnung entsprechend den Verhältnissen machte.

Mit der Zeit gehen

Vergangenes vergessen, für die Gegenwart arbeiten und für die Zukunft planen!

*

Seit Jahrtausenden vergingen alte Kulturen und neue traten an ihre Stelle. Seit Jahrtausenden lehrt uns die Geschichte der menschlichen Entwicklung, dass nichts von Dauer ist, was Menschen geschaffen haben.

*

Es ist zwecklos und sinnlos, krampfhaft die Erhaltung dieser oder jener Dinge, dieser oder jener Zustände zu predigen. Was Wert und Bestand hat, lebt durch sich selbst und bleibt, und das andere geht zugrunde.

*

Ein tüchtiger Mensch bleibt immer ein Anfänger. — Weshalb? Weil er stets Neues und Besseres beginnt.

*

Die heutige Zeit braucht Menschen, die nicht nach Ruhekissen Ausschau halten.

Informiert sein

Die Entschlüsse eines Menschen können nie besser sein als die Informationen und die Einsichten, die er hat.

Informiert sein

Es ist wohl so, dass die meisten Menschen die Notwendigkeit neuer Ideen nicht verneinen. Wir wissen wohl alle, dass ein grosser Teil des Erfolges davon abhängt, ob wir imstande sind, unsere geschäftlichen Massnahmen stets durch neue Ideen zu befruchten. Wir vergessen aber oft, dass unsere Fähigkeit, Ideen zu finden, nicht darin besteht, viele Einfälle zu haben, sondern uns die notwendigen Informationsquellen offen zu halten, um unser schöpferisches Denken anregen zu können.

*

Der Kluge liest in der Regel nicht nur die Zeitung.

*

Es gibt nichts Neues auf dieser Welt. Das mag sein ; aber auch alte Dinge müssen hie und da aufgefrischt werden.

*

Die Indifferenten von heute sind die Insolventen von morgen.

Informiert sein

Heute hängen die Geschicke eines jeden Unternehmens vom Mann auf der Kommandobrücke ab, dessen einzige Karten seine Voraussicht und seine Einsicht und seine richtige Einschätzung des neuen, kommenden Windes sind.

*

Erfahrungen gemacht zu haben, ist nur dann nützlich, wenn wir daraus die richtigen Schlüsse ziehen und sie in die Tat umsetzen.

*

Manchmal sind die wichtigsten Dinge die, von denen wir am wenigsten wissen. Sorgen wir dafür, dass wir sie wissen.

*

Das, was wir nicht tun, verschuldet ebensosehr den Misserfolg wie das, was wir nicht richtig tun.

*

Bevor wir unsere Fehler korrigieren können, müssen wir sie erkennen und zugeben.

*

Halten Sie ein wachsames Auge auf die Entwicklung der Weltlage. Kümmern Sie sich jedoch um Ihre eigene Arbeit und holen Sie aus jeder sich bietenden Möglichkeit das Beste heraus.

Wer vorausplant, erreicht mehr

Wer vorausplant, erreicht mehr. Wir müssen heute schon wissen, was wir morgen tun werden, und es auch tun.

Wer vorausplant, erreicht mehr

Es gibt dreierlei Berufstätige : 1. die Getriebenen, 2. die Schaffer und 3. die planend Organisierenden.

Der Getriebene ist der Mann, der tut, was er muss, wozu ihn die Verhältnisse treiben und sonst wenig mehr. Einer, der sich nicht belehren lässt, einer, der findet, er wisse schon alles, was er zu wissen brauche.

Er zählt zu jener Sorte von Menschen, die besser irgendeinen Versorgungsposten gefunden hätten.

Er mag bequem oder an andern Dingen als an seinen Aufgaben interessiert sein, immer werden Sie einen Getriebenen daran erkennen, dass er nie etwas verbessert oder dann nur getriebenermassen.

Der Schaffer ist der Mann, der mit grösster Energie arbeitet. Man kann ihn hinstellen, wo man will, er wird sich mit Volldampf an seine Aufgabe machen.

Einen Schaffer erkennt man daran, dass er zu allem noch eine Menge Routine- und Kleinarbeit selber erledigt. Das führt ihn dazu, das Aufnehmen neuer Gedanken und Ideen sowie das Planen und Organisieren zu vernachlässigen.

Wer vorausplant, erreicht mehr

Manchmal gelingt es einem Schaffer, ein Unternehmen aufzubauen. Wenn er aber stirbt, dann besteht die Gefahr, dass das Ganze erschüttert wird oder zusammenbricht.

Weshalb? Weil er sich selbst unentbehrlich machte.

Der planend Organisierende ist der wirklich Produktive unter den Tätigen. Er hat die richtige Technik und die richtigen Methoden gelernt. Er baut, und was er baut, stellt er auf Fundamente.

Den planend Organisierenden erkennen wir daran, dass er so wenig als möglich Routinearbeit leistet und dafür den grossen Teil des Tages zur Aufnahme neuer Ideen, zur Vorbereitung, zur Instruierung und zur Planung verwendet.

Er schafft eine Organisation, die ihm jede Arbeit, welche er nicht selbst zu leisten braucht, abnimmt. Seine Aufmerksamkeit wendet er besonders der Überwachung, Befruchtung und Verbesserung zu.

Wenn wir die Resultate des Getriebenen, des Schaffers und des planend Organisierenden miteinander vergleichen, dann erkennen wir einen grossen Unterschied.

Wer vorausplant, erreicht mehr

Die meisten Getriebenen versagen oder schlüpfen gerade noch durch.

Die Schaffer mögen bis zu einem gewissen Punkt Erfolg haben. Die Gefahr besteht aber, dass sie sich überarbeiten und sich vor der Zeit verbrauchen.

Der wirklich planend Organisierende schafft etwas, das wächst, blüht und Früchte bringt.

Natürlich können wir auch Mischungen besonders der zweiten und dritten Gattung feststellen. Hier ist es gut, herauszufinden, zu welcher Gattung man selbst gehört und ob man nicht vom einen zu viel und vom andern zu wenig hat.

Es macht sich immer bezahlt, die beste Technik des Planens und Organisierens zu lernen.

Schon zu seiner Zeit erklärte Goethe : « Für das grösste Unheil unserer Zeit, die nichts reif werden lässt, muss ich halten, dass man im nächsten Augenblick den vorhergehenden verspeist, den Tag im Tage vertut und so immer aus der Hand in den Mund lebt, ohne irgend etwas vor sich zu bringen. »

Wer vorausplant, erreicht mehr

Auch heute sind wir nicht besser daran. Wie damals ist der Mangel an Ziel und Richtung der grösste Mangel unserer Zeit. Wir können immer wieder sehen, wie viele sonst Begabte nicht zu Erfolgen kommen können trotz grösster Mühe und Arbeit, weil sie von vornehrein Mittel und Wege einschlagen, die zum Gegenteil des Gewollten führen müssen.

Es gibt Tausende, die ständig in grosser Eile sind und doch wenig Positives erreichen. Sie sind zu beschäftigt, um zu denken, zu beschäftigt, um der Verwirrung zu entkommen, die sie selbst geschaffen haben. Sie leisten produktive und unproduktive Arbeit durcheinander und finden den Unterschied nicht heraus.

Planung, erfolgbringende Arbeitsmethoden und konkrete Ziele sind ausschlaggebend für die überragende Leistungsfähigkeit jedes Tätigen.

Wer vorausplant, erreicht mehr

Ein Mensch ohne Plan ist wie ein Schiff ohne Steuer.

*

Die Gewohnheit, den Dingen auf den Grund zu gehen, ist eine seltene menschliche Tugend.

*

Viele Möglichkeiten und Ziele, die einer nicht zu erreichen glaubt, hat er meist noch nie richtig zu erreichen versucht.

*

Wichtige Dinge nur halb zu tun, ist nahezu wertlos; denn meistens ist es die andere Hälfte, die zählt.

*

Manche *warten* auf Gelegenheiten, tüchtige Menschen *machen* sie.

Wer vorausplant, erreicht mehr

Gestern ist vorbei, heute ist da; nutzen wir es — morgen kommt ein neuer Tag; planen wir dafür.

*

Die wichtigste Angelegenheit ist immer die am nächsten an die Reihe kommende.

*

Fünf Minuten schöpferischen Denkens und Handelns sind mehr wert als nächtelanges Wunschdenken.

*

Nicht das, was wir beginnen, zählt, sondern das, was wir fertigbringen.

Manches ginge besser, wenn man's gelassen nähme

Im täglichen Kampf des Lebens ist der Besonnene und Heitere dem Unbesonnenen und Humorlosen überlegen.

*

Bei Verhandlungen und im täglichen Wettbewerb behält der Gelassene viel leichter die Führung. Er weiss selbst gegenteilige Ansichten in eine Form zu kleiden, die nicht verletzt, und die den andern umstimmt oder die ihm die Möglichkeit nimmt, neue Gegengründe anzuführen.

Aus diesem Grunde sind auch die Menschen, die bei aller Tatkraft und Hartnäckigkeit mit einer vollen Portion Geduld, Ruhe und Menschenkenntnis ausgerüstet sind, denjenigen überlegen, die im Schuss und Tempo vorgehen wollen.

*

Sich die rechte Stimmungslage zu bewahren, ist von unschätzbarem Wert.

Manches ginge besser, wenn man's gelassen nähme

Mit Recht hat einmal ein Philosoph erklärt, die Gewohnheit, alle Dinge von der lichten Seite zu betrachten, sei mehr wert, als ein Vermögen auf der Bank.

Erfolgreiche nennen mit Recht diese Gewohnheit das eigentliche Fundament ihres Berufs- und Lebenserfolges.

*

Es laufen viele umher mit unzufriedenen, missmutigen Gesichtern. Sie tragen scheinbar schwer an der Bürde ihres Lebens. Sie haben noch nicht gelernt, dass das Leben genau so schwer oder so leicht ist, wie man es nimmt.

*

Wer innere Heiterkeit und echten Humor besitzt, der kommt in allen Dingen besser durch als der Missmutige, Negative, der ständig seiner nächsten Umgebung und allen, die mit ihm zu tun haben, eine verdriessliche, essigsaure Miene zeigt.

Entspannen können

Der Mensch, der sich seine Leistungstüchtigkeit und geistige Frische zu bewahren versteht, kennt auch die Kunst der Entspannung.

*

Wer arbeitet, ohne sich in Pausen, in Erholungsstunden, im Schlaf zu entspannen, leistet mit der Zeit nicht mehr Arbeit, sondern Krampf.

Es ist kein Zufall, dass man dann von « krampfen » spricht. Wer innerlich so verkrampft, wer körperlich und seelisch so gespannt ist, dass er « krampft », arbeitet schwer und nur auf Kosten der Reserven. Sein Bestes wird er nicht in diesem Zustand leisten.

*

Nur im Entspannen und Losgelöstsein von verkrampfter Unrast öffnen wir uns dem Zufluss neuer Kräfte.

Nur wer fähig ist, sich zu entspannen, wird überlegen, planen und entschliessen, wird klar den Weg erkennen, den er gehen muss, wird offen für Erkenntnisse in grossen und kleinen Dingen.

Sich frei machen, Distanz gewinnen können

Viele Leute sitzen viel zu nahe auf ihren Problemen und sehen dadurch alles aus viel zu kleiner und zu enger Perspektive. Ihre Entscheidungen sind dann auch dementsprechend.

Sich frei machen, Distanz gewinnen können

Ein Kaufmann, der sein Unternehmen aus kleinsten Anfängen heraus zur Blüte gebracht hat, sagte einmal : « Je älter ich werde, desto gewisser weiss ich, dass der wirkliche Chef nicht der Mann ist, der glaubt, er müsste alles selbst tun und sich um alles selbst bekümmern. »

*

Wer in leitender Stellung ist und nicht zu dieser Einsicht kommt, wird nie etwas Rechtes vollbringen. Ein Unternehmen, das so geleitet wird, bleibt entweder stehen oder geht abwärts, und zwar deshalb, weil der Mann, der frei sein sollte für schöpferisches Denken, zu sehr mit Dingen beschäftigt ist, die er sich selbst auflädt. Kleinarbeit verbraucht vorweg den besten Teil seiner Arbeitskraft und nützt sie vorzeitig ab.

*

Der Leiter ist für sein Unternehmen wertvoll, der sich auf die so selten praktizierte Tätigkeit schöpferischer Denkarbeit spezialisiert.

*

Mancher, der an einem leitenden Posten steht, hat entdeckt, dass er erst dann von seiner Kleinarbeit weggekommen ist und damit auf die Spur fruchtbringender Arbeitsleistung, als er zu reisen begann.

Sich frei machen, Distanz gewinnen können

Er konnte sich aber nicht auf die Reise begeben, bevor er nicht seine Hilfskräfte soweit gebracht hatte, dass sie fähig waren, das Geschäft während seiner Abwesenheit zu leiten. So bestand seine erste Arbeit darin, Tag für Tag darüber nachzudenken, wie er sich selbst entbehrlich machen könnte.

Zuerst begab er sich jeweils nur für kurze Zeit weg, für einen halben oder einen ganzen Tag und schliesslich brachte er es sogar fertig, ganze Wochen lang wegzubleiben.

Er führte seine Mitarbeiter dahin, dass sie selbst bereit waren, die Verantwortung zu übernehmen. Er liess sie selbst Entscheidungen treffen. Wenn Fehler vorkamen, dann machte er keine Geschichte daraus ; er war sich klar darüber, dass der Chef eines Unternehmens seine Aufgabe nicht darin zu sehen hat, überall das zu suchen, was zu tadeln wäre, sondern seinen Mitarbeitern zu helfen, in der Richtung der Geschäftsziele zu denken und zu handeln.

Von dem Augenblick an, wo er seine eigenen vier Wände verlassen hatte, begann dieser Mann, nach neuen Gedanken und Ideen Umschau zu halten. Er sah sein eigenes Geschäft aus ganz anderer Perspektive. Er studierte andere Geschäfte, beschränkte sich aber keineswegs auf sein eigenes

Sich frei machen, Distanz gewinnen können

Fachgebiet. Er scheute sich nicht, unzählige Fragen zu stellen oder zu erklären, er sei gewillt, hinzuzulernen.

Er begann, seine Gedanken und Ideen und die Möglichkeiten, die er sah, schriftlich niederzulegen, und zwar nicht nur für sich allein, sondern als Anregung für seine Mitarbeiter zu Hause.

Die schriftliche Fixierung seiner Überlegungen zwang ihn dazu, seine Gedanken noch klarer zu fassen und noch tiefer in die Probleme einzudringen. Nach und nach entwickelte er sich zu einer Art Dynamo oder Ladestation, die seine Mitarbeiter mit neuen Energien, neuen Informationen und Inspirationen im Gange hielt.

*

Für manchen mit Arbeit überhäuften Menschen wird diese Ansicht etwas extrem lauten. Es gibt aber noch weit extremere Auffassungen, worin die Aufgabe der Geschäftsleitung zu bestehen habe.

*

Der geschäftsführende Direktor eines Unternehmens entwarf einst einen Organisationsplan für sein Geschäft. Neben den Namen eines jeden

Sich frei machen, Distanz gewinnen können

seiner Leute setzte er die Aufgaben, die dem Betreffenden zugeteilt waren. Ganz oben schrieb er seinen Namen hin, doch der Platz daneben blieb leer.

Ein Mitarbeiter machte nun die Bemerkung : « Jedem von uns haben Sie eine Menge Arbeit zugeteilt, nur Ihnen selbst nicht. » — « Sehr richtig », antwortete der Chef, « ich bin der einzige, der nichts zu tun haben soll. »

Dann fügte er hinzu : « Der Leiter einer Organisation ist die einzige Person innerhalb einer solchen, die keine festen Arbeiten auf sich nehmen darf. Jede Tätigkeit, die man voraussehen kann, muss einem andern zugewiesen werden, so dass der Leiter alles frei übersehen, denken und vor allem — unvorhergesehene Arbeiten übernehmen kann. »

Selbstverständlich wird sich dies nur dort durchführen lassen, wo eine genügende Anzahl von geschulten Mitarbeitern die ihnen überwiesenen Aufgaben übernehmen können. Eine Lehre kann diese kleine Begebenheit aber doch geben. Der eigentliche Sinn, der dahinter steckt, ist der : Die Führung und Betreuung irgendeiner Aufgabe soll ausserhalb der Routinearbeit stehen. Wer führen, leiten will, muss wirklich leiten, er darf nicht selbst dabei der Geschobene sein.

Sich frei machen, Distanz gewinnen können

Die hauptsächlichsten Aufgaben des leitenden Chefs sind Denken und Planen. Er muss dafür besorgt sein, dass alles ohne Reibung vorwärtsgeht, er hat die schwerste Arbeit von allen und eben darum muss er von Alltagsarbeit frei bleiben.

Der leitende Mann ist die Persönlichkeit, die weiss, was getan werden muss und es rechtzeitig veranlasst.

Oft besteht die Ursache der Überlastung eines Chefs zur Hauptsache in

mangelnder Arbeitsteilung,
fehlender Arbeitslenkung,
ungenügender Personalschulung und -förderung
und schlechter Zeiteinteilung.

*

Die nachfolgenden 7 Ratschläge, die eigentlich einem frischgebackenen Chef gegolten haben, der mit seiner Zeit nicht zurechtkam, können vielleicht auch dem alten Praktiker einen oder zwei Winke geben.

Sieben zeitgewinnende Ratschläge:

1. Besprechungen mit Besuchern nur ausnahmsweise vor 11 Uhr vormittags festlegen. Dies,

Sich frei machen, Distanz gewinnen können

um Zeit zu gewinnen zur Erledigung der Post, um alle wichtigen Anordnungen zu treffen und Arbeiten für andere rechtzeitig weiterzugeben.

2. Jede Arbeit sogleich erledigen, wenn sie kommt. Grössere Aufgaben in den Arbeitsplan für den kommenden oder die kommenden Tage einreihen und ohne Aufschub die dafür vorgesehene Zeit verwenden.

3. Alle Arbeit, die nicht unbedingt selbst erledigt werden muss, an die dafür geeigneten Mitarbeiter weiterleiten.

4. Interne Besprechungen und Sitzungen nur dann vorsehen und halten, wenn Wichtiges vorliegt und wenn die daran Teilnehmenden Zeit hatten, sich darauf vorzubereiten und über Vorschläge nachzudenken.

5. Keine Zeit an irgendein Problem verschwenden, bevor nicht alle Informationen, Tatsachen und womöglich schon Resultate von Versuchen gesichtet und zusammengestellt sind.

6. Alles mit Ruhe erledigen. Rasch entscheiden, doch ohne Hast und ohne Überstürzung. Mutig zugreifen und doch besonnen handeln.

7. Die geeigneten Mitarbeiter auswählen, lenken und zu fördern wissen.

Distanz gewinnen und doch das Naheliegende tun

Es ist notwendig, dass wir die grosse Linie sehen. Wir dürfen dabei aber nie vergessen, dass die Aufgabe jedes Einzelnen in der Erfüllung der naheliegenden Dinge, die ihm aufgetragen sind, liegt.

Wer ist ein Chef, ein Führer?

Wer Menschen recht zu führen versteht; wer Menschen zu ihrem eigenen und zum Nutzen aller führt.

Wer ist ein Chef, ein Führer?

Ein Führer führt nicht nur durch Befehle und Reden, er führt auch durch das Beispiel.

Ein Führer führt durch die Tat.

Wer führen kann, kennzeichnet sich schon dadurch als Führer, dass er seine Arbeit besser, zielsicherer und erfolgreicher leistet als andere.

Ein Führer führt zuerst durch seine Leistung.

Wer Besseres und Brauchbareres leistet, wird schon durch seine Arbeitsleistung zum Führer.

Ein berufener Chef ist vor allem aber ein geistiger Führer. Er führt durch innere Überlegenheit.

Er sieht seine Aufgabe nicht darin, bei jeder Gelegenheit verstehen zu geben, dass er der Führer ist, sondern dies in jeder Hinsicht auch wirklich zu sein.

Wer ist ein Chef, ein Führer?

Es gibt einen vielgebrauchten und altbekannten Spruch: «Wer befehlen will, muss auch gehorchen können.»

Wer in der Praxis ist, dem fällt aber eines auf: Befehlen ist noch schwerer als gehorchen.

Deshalb ist auch Chef und Führer sein nicht allzu leicht. Übernommene Posten, Titel, Rang, Amt und Würden, Borden an Mütze und Kragen sagen noch gar nichts über Führerqualitäten.

Der echte Chef und Führer ist Diener einer Sache, einer Idee, nicht allein Diener seiner selbst.

Der rechte Führer behält seine bejahende Einstellung durch dick und dünn, auch unter grössten Schwierigkeiten. Er glaubt an seine Sendung, an seine Aufgabe, an seinen Sieg.

Er setzt sich und andern Ziele und Aufgaben. Durch seinen Glauben, seine Haltung, seine Führung reisst er andere mit und begeistert sie für seine Ideen und jedes neu gesteckte Ziel.

Wer ist ein Chef, ein Führer?

Wer führen will, muss auch intuitive, innere Führung haben.

Intuition ist die innere Offenbarung des richtigen Weges, den wir zu gehen haben.

Ein Mensch mit Verstand, aber ohne Intuition, ist wie ein Flugzeug im Nebel ohne Kompass.

Verstand haben ist wichtig, aber Intuition haben ist noch wichtiger. Verstand ohne innere Führung ist führerlos.

Nur wo Verstand und innere Führung zusammenwirken, da wächst einer zum Führer.

Wer ist ein Chef, ein Führer?

Führen heisst, sich selbst und andere fördern und alle Mitschreitenden zur Weiterbildung und Ertüchtigung aneifern.

Der wirkliche Führer ist immer auch ein Pionier.

Er hat den erkennenden Blick für neue Wege, neue Möglichkeiten, und als echter Pionier ist er bereit, seinen Weg auch einsam zu gehen.

Wer führen will, muss wissen, dass er nicht immer verstanden wird und verstanden werden kann. Trotzdem verfolgt er sein klares Ziel. In manchen entscheidenden Phasen der Arbeit und des Lebens ist es weniger wichtig, verstanden zu werden, als das einmal als richtig erkannte Ziel durchzusetzen.

Anderseits muss der, der führen will, seine Leute verstehen, und zwar sowohl ihre Stärken wie ihre Schwächen. Schwächen muss er ratgebend aufzeigen, Stärken zu fördern wissen.

Wer ein Chef nicht nur dem Namen nach sein will, muss auch den erforderlichen Mut zur Verantwortung aufbringen und das bedeutet, sich auch der eigenen Verantwortung bewusst zu sein.

Wer ist ein Chef, ein Führer?

Der Mann, der führt, ist ein überlegener Menschenkenner, Menschengewinner, Menschenbehandler und Menschenführer.

Wer in dieser Hinsicht ein guter Führer ist, hilft auch andern, sich selbst zu helfen. Er lehrt und führt andere, sich selbst zu führen.

In Zeiten, in denen sich die Probleme, die Ereignisse und Entscheidungen überstürzen, tun uns wirkliche Führer not.

Wir brauchen sie aber zu jeder Zeit. Jedes Unternehmen braucht einen Führer, jede Abteilung braucht einen Führer. Wir gehen noch weiter: Jeder Mensch, dem wir zu raten haben, ja jeder Posten brauchte einen Führer.

Doch, hätten wir vorerst nur für jede grosse Aufgabe, die not tut, *einen* Führer!

Bereit sein ist alles

Bereit sein ist alles! Nur der tüchtige Einzelne wird sich durchsetzen, nur das Unternehmen, das den Anforderungen gewachsen sein wird, wird bestehen können, nur das Volk und das Land, dessen kulturelle, politische und wirtschaftliche Aufgaben von tüchtigen Männern geleitet werden, wird in kommenden Kämpfen um Selbstbehauptung und Fortschritt ein Wort mitzureden haben.

Bereit sein ist alles

Wenn auch eine Ungewissheit in mancher Hinsicht Entscheidungen verunmöglicht, werden wir dadurch nicht der Pflicht enthoben, alles zu tun, alles vorzusehen, um den kommenden Aufgaben, die uns gestellt werden, gewachsen zu sein.

*

Das Leben geht weiter ; unsere Volksgemeinschaft braucht tüchtige, auf kommende Aufgaben wohlvorbereitete Männer und Frauen.

*

Ein jeder rüste sich einfach an seinem Platz, um für die Höchstleistungen bereit zu sein, die von uns allen jetzt und in nächster Zukunft verlangt werden.

*

Wir dürfen nicht mehr erwarten, als wir selbst zu geben bereit sind.

Bereit sein ist alles

Erkennen wir die Zeichen der Zeit! Je mehr tüchtige und einsatzbereite Menschen wir in allen Berufen, auf jedem Posten haben, um so besser für alle!

Der überlegene Mann am Steuer bedauert nicht zwecklos Vergangenes: er überschaut es einzig, um daraus zu lernen. Er vergisst das Unangenehme und dankt für das viele Gute, das ihm trotz allem zuteil wurde.

Der Mann am Steuer ist der Gegenwart gewachsen und nach der Zukunft gerichtet.

Er weiss, dass kein stehendes, sondern fliessendes Wasser ihn umgibt, und dass steigendes Wasser tiefer wird. Als guter Steuermann wird er sich zu helfen wissen.

Persönlichkeit, Mensch, Charakter

Das Eigene pflegen

Das Erste, was Männer und Frauen im Beruf und im Leben auf die Waagschale zu legen haben, ist der Mensch. Der Mensch als Persönlichkeit und Charakter.

Das Eigene pflegen

Immer sind es Persönlichkeit und Charakter, die einem Menschen sein besonderes Gepräge geben.

Immer sind es Persönlichkeit, Stil und Charakter, die auch einer Arbeit, ob gross oder klein, zur Beachtung und zum Erfolg verhelfen.

Und hinter jeder schöpferischen Tat, hinter jeder Arbeit stehen Menschen, die ihren Werken mehr oder weniger die ihnen gemässe Eigenart aufdrücken.

Es ist nicht leicht, sein eigener Charakter-Deuter zu sein, und doch ist die objektive Selbstbeurteilung und die Beurteilung der eigenen Leistungen von grosser Wichtigkeit.

Erst die Erkenntnis der eigenen Stärken und Schwächen ermöglicht uns, zielbewusst in der besten Richtung zu wirken.

Das Eigene pflegen

Der Mensch als Einzelwesen wie auch die als Betrieb, Körperschaft oder Staat organisierte Gemeinschaft, sie alle müssen das ihnen zugehörige Gebiet und die ihnen zugehörige Eigenart suchen und finden. Nur dann gelingt es, die höchsten Leistungen zu vollbringen.

Eine Arbeitsgemeinschaft, der ihre Leiter die ihr gemässe, zielbewusste eigene Prägung, Stil und Charakter zu geben wissen, ist nie verloren.

Jede Arbeitsgemeinschaft hat ein nach aussen gekehrtes Gesicht, ihre « Front », seien es die Menschen, die sie vertreten, seien es Werte, Dienstleistungen, Werbung oder persönliche Bedienung.

Sorgen wir dafür, dass diese « Front » stets eindeutig und gewinnend auf den Betrachter wirkt.

Das Eigene pflegen

Vergessen wir nicht die menschliche Seite, den Geist, die Idee, die wir hinter jede Arbeit, hinter jede Anstrengung setzen, auch wenn es sich « nur » um das Finden einer neuen Lösung oder einer neuen, besseren Methode handelt.

*

Wer es versteht, seiner Aktivität irgend einen besonderen, persönlichen Charakter zu geben, hat schon einen grossen Vorsprung.

Das Eigene pflegen

Persönlichkeit, Mut und die Fähigkeit, Neues aufzugreifen und in die Tat umzusetzen, waren noch nie so notwendig wie gerade jetzt.

Natürlich kann nicht immer etwas Neues getan werden, aber es genügte schon, wenn das Gewöhnliche, Alltägliche auf ungewöhnliche Weise getan würde, denn dadurch werden auch neue Wege gefunden.

Ein Fortschrittlicher wird kaum darauf erpicht sein, die Dinge so zu tun, wie man es immer getan hat, das zu machen, was jeder andere macht.

Wo kämen wir hin, wenn Kultur und Wirtschaft von den «Man-hat-es-immer-so-gemacht-Leuten» geführt würden?

Es gibt nur einen Weg für den Fortschrittlichen, sich erfolgreich behaupten zu können, und das ist der, neue Möglichkeiten, neue Wege zu erkennen, zu nützen und zu gehen.

Das Eigene pflegen

Erschrecken wir nicht, anders zu denken, anders zu sein, die Dinge einmal anders anzupacken, anders zu reden, anders zu schreiben, einen neuen Ton in den Umgang mit anderen zu bringen, kurz etwas Neues zu tun.

Weisen wir die neue Idee, die an uns herankommt, nicht zurück, nur weil sie uns ungewohnt erscheint. Hören wir auf ihre Botschaft. Prüfen wir ihren Wert. Wenn sie gut scheint, dann sollten wir sie aufnehmen und ihre Brauchbarkeit auf die Probe stellen.

Der Mensch mit eigenem Charakter, mit Stil und Individualität geht voran.

Wer ängstlich nach links und rechts schielt, was der andere sagen und tun werde, wird immer im Hintertreffen bleiben.

Wir brauchen den Schutz der Schwachen. Aber die Bekämpfung aller Übergriffe, aller unfairen Praktiken darf nicht dem Einzelnen Hemmschuh sein, seine eigene Initiative, seinen eigenen Stil zu finden und wirken zu lassen.

Nur keine Angst, anders zu sein, etwas Neues zu tun!

Der Begeisterungsfähige setzt sich durch

Wer immer ein Ziel, sein Ziel vor Augen hat, um das sich zu kämpfen lohnt, der lebt.

Der Begeisterungsfähige setzt sich durch

Eine der Fähigkeiten, die dem fortschrittlichen Menschen nicht fehlen darf, ist die Begeisterungsfähigkeit.

Wer sich nicht für ein Ziel, eine Idee, ein Werk oder eine Dienstleistung begeistern kann, vermindert den Wirkungskreis seiner Anstrengungen.

Erst dann wird einer das Beste und Schönste in seiner Arbeit finden, wenn er sich wieder zu Glaube und Begeisterungsfähigkeit zurückgefunden hat.

Glaube und Begeisterungsfähigkeit sind Merkmale der Jugend. Wenn sie verlorengehen, dann müssen sie nur wieder unter dem Schutt hervorgeholt werden.

Erneuert werden sie dann in gereifterer Form für das angewandt werden, was ihres Einsatzes wert ist. Wer wieder jung wird, wird auch wieder begeisterungsfähig.

Und wer wieder begeisterungsfähig wird, findet auch seine Jugendlichkeit wieder.

Der Begeisterungsfähige setzt sich durch

Es ergibt sich daraus von selbst, dass, wer nicht begeisterungsfähig bleibt, seine geistige Spannkraft verliert und damit die Fähigkeit, Wertvolles und Neues zu schaffen, rechtzeitig und richtig zu handeln.

Der Begeisterte wird immer über den Nichtbegeisterten siegen.

Wer begeistert ist, glaubt an ein Ziel und strebt daraufhin.

Der Begeisterungsfähige setzt sich durch.

Jedes Unternehmen, jedes Land braucht Leute, die sich mit Begeisterung für das einsetzen, was sie zu tun haben.

Der Begeisterungsfähige setzt sich durch

An nichts mehr interessiert zu sein, für nichts mehr sich erwärmen und begeistern können, das sind die Zeichen jener, die zuviel nehmen und zu wenig geben wollen.

*

Wer andere zurückhält, bleibt selbst zurück. Wer etwas ist und kann, der reisst auch andere mit und vorwärts.

*

Der Mensch, der seine Wunschträume wahr machen will, muss aufwachen und handeln.

*

Hoffnungen, nach deren Erfüllung nur der Mund wässert, fallen am häufigsten ins Wasser.

*

Optimismus muss Boden haben, und haben wir einmal den rechten Boden, dann liegt eine Kraft in uns, die jedes Hindernis überwindet: eine Kraft, die mitreisst, mitbegeistert; eine Kraft, die uns den nötigen Schwung verleiht, über Schwierigkeiten und Widerstände hinwegzukommen.

Es kommt darauf an, was wir aus Zeit und Umständen machen

Jede Zeitepoche hat ihre besonderen Anzeichen und ihre besonderen Geschehnisse. Dabei ist wichtig, zu wissen, dass im Grunde genommen eigentlich wenig daran gelegen ist, was für Ereignisse diese Zeiten mit sich brachten und was die Menschen dabei erlebten. Das einzig Ausschlaggebende ist das, was die Menschen daraus machen.

Es kommt darauf an, was wir aus Zeit und Umständen machen

Unser Leben ist in Wirklichkeit immer und täglich ein neues Wagnis, ein ständiges Springen ins Ungewisse. Jedes Wagnis, dem wir jedoch mutig ins Auge schauen, fördert das Wachstum unserer innern Kraft.

Nur dann, wenn wir ruhig und vertrauend den kommenden Dingen entgegensehen, werden wir allen kommenden Ereignissen gegenüber gewachsen sein.

Nur dann, wenn wir darüber hinaus sind, ängstlich und kleinmütig dem Schicksal entgegenzusehen, werden wir imstande sein, die jeweils nächste Aufgabe, die an uns kommt, entschlossen anzupacken.

Es kommt darauf an, was wir aus Zeit und Umständen machen

Es gibt nun einmal Dinge im Leben, um die wir uns keineswegs drücken können. Es gibt Entscheidungen, die wir unter allen Umständen fassen müssen. Je rascher wir uns mit den Tatsachen, denen wir gegenüberstehen, abgefunden und je gründlicher wir uns positiv mit ihnen auseinandergesetzt haben, um so geringer ist für uns die Gefahr.

Wer unsicher wird und unentschlossen, ist schon halb verloren.

Unsere Zeit hat auch keinen Platz für Menschen, die jammernd und bedauernd sich selbst und andern zur Last fallen.

Die Bereitschaft, allem, was kommen mag, mutig entgegensehen zu können, ist das beste Heilmittel gegen jeden Pessimismus.

Es kommt nicht darauf an, in welcher Zeit und unter welchen Umständen wir leben, sondern was wir daraus machen.

Es kommt darauf an, was wir aus Zeit und Umständen machen

Zeit ist Geld — das ist richtig, wenn man uns Geld dafür gibt. Aber Geld ist nicht Zeit. Man kann einen Franken verlieren und ihn wiederfinden ; aber eine wirklich verlorene Stunde kann nicht wiedergefunden werden : sie ist hin für immer.

*

Wer stets erklärt, keine Zeit zu haben, Wichtiges zu erledigen, mehr zu leisten, wird sie selten finden. Wer Zeit braucht, muss sie machen.

*

Zu dem, der immer wartet, kommt gewöhnlich alles zu spät.

*

Zeit sparen heisst : sie nützlich anwenden, das Beste aus ihr holen.

Sich selbst zu helfen wissen

Was ich tun soll, ist das, was ich von innen her tun muss und nicht, was die Leute denken, was ich tun sollte.

Sich selbst zu helfen wissen

Wir werden fähig, uns selbst zu helfen, wenn wir uns auch etwas zutrauen.

Nur wer innerlich unabhängig ist, ist auch äusserlich unabhängig.

Innerlich unabhängig sein, darauf kommt es an.

Ohne den Mut zur Selbsthilfe verflacht der Tüchtige und bleibt zurück.

Wer zu bequem ist, wer die Augen nicht offen hat, nie aus eigener Initiative handelt, sondern lieber die Dinge treiben lässt, der soll nicht erwarten, dass sich die Verhältnisse nach seinen Wünschen richten.

Wir müssen den Mut haben, uns unserer eigenen Vernunft und Einsicht — und unserer Schöpferkraft zu bedienen.

Nur eigenes Bessermachen hat Wert und Dauer und bringt Früchte, an denen wir uns freuen können.

Die beste Selbsthilfe ist die eigene Tat. Und die eigene Tat ist um so mehr wirkliche Selbsthilfe, als sie Dienst an andern, Dienst am Ganzen ist.

Nur zielbewusste Selbsthelfer formen zusammen eine aufsteigende Berufsgruppe, ein ganzes Volk.

Sich selbst zu helfen wissen

Du bist am besten geleitet, wenn du dem Besten in dir selbst vertraust.

*

Ein entschlossener Mensch wird mit einem Schraubenschlüssel mehr anzufangen wissen als ein unentschlossener mit einem ganzen Werkzeugladen.

*

Alles kommt zu dem, der weiss, wann und warum man wartet, und wann und wie man darauf zugeht.

*

Jeder Aufbau hat irgendwo und irgendwann einen Anfang. Warum nicht gleich heute und warum nicht in der Arbeit, die ich gerade beginne?

*

Hut ab vor dem Vergangenen — Rock aus vor dem Kommenden.

Über die Kunst der Menschenbehandlung

Die meisten Menschen wissen mehr über die Behandlung ihrer Werkzeuge, Arbeitsgeräte und Maschinen als über die Behandlung ihrer Arbeiter, Angestellten oder ihrer Mitmenschen.

Über die Kunst der Menschenbehandlung

Wie wir mit unseren beruflichen und privaten Problemen fertig werden, hängt zu einem grossen Teil von unserer Fähigkeit der Menschenbehandlung ab.

Eine wertvolle Maschine vertraut man nur Menschen an, die sich auf ihre Behandlung verstehen.

Wie steht es aber bei der Menschenführung?

Viel zu wenig wird erkannt, dass die Kunst der Menschenführung die grösste aller Künste ist.

Menschen behandeln, heisst Menschen führen.

Dabei ist der Erfolg um so grösser, je besser der Mensch im psychologisch richtigen Sinn behandelt wird.

Wer mit Menschen erfolgreich umgehen will, muss sie verstehen können.

Rechtes Verstehen ergibt sich durch die Kenntnis der menschlichen Natur, durch richtige Einstellung, richtiges Denken und wohlwollende Einstellung zur Umwelt.

Wer wohlwollend ist, vermag sich auch jedem Menschentypus gegenüber richtig einzustellen und ihn dadurch zu gewinnen.

Über die Kunst der Menschenbehandlung

Wer lernt und erkennt, wie andere Leute denken und weshalb sie so denken, wird die Kunst, mit Menschen umzugehen, immer interessanter finden und immer grössere Befriedigung dabei empfinden.

Wer Menschenkenntnis erwerben will, muss zuvor bei sich selbst beginnen.

Erst dann, wenn wir ohne vorgefasste Meinungen und Vorurteile, gleich einem unbelichteten Film, an Menschen herantreten, werden wir ein richtiges Bild erhalten und daraus kluger handeln können.

Bei der Beurteilung von Charakterfehlern bei Menschen, mit denen wir zu tun haben, sollten wir uns so verhalten wie der Mediziner, der nicht nur das Organ, das krank ist, sehen darf, sondern auch die Ursache.

Wir werden dann die Menschen nicht nur besser verstehen und besser beurteilen, sondern auch besser behandeln und leichter gewinnen.

Neun von zehn erfolgreichen Menschen auf allen Gebieten verdanken ihre Resultate nicht nur ihrer Fachtüchtigkeit, sondern insbesondere ihrer Fähigkeit, mit Menschen umzugehen.

Über die Kunst der Menschenbehandlung

Es ist eine der wichtigsten Fähigkeiten produktiver Menschen, die Dinge nicht nur mit den eigenen Augen zu betrachten, sondern sie auch mit den Augen anderer sehen zu können.

*

Wer andere gelten lässt, fährt besser.

*

Man darf überlegen sein, aber nicht überlegen tun.

*

Die Leute wünschen nicht, dass man zu ihnen redet, sondern sie wünschen, dass man *mit* ihnen redet.

*

Denken wir daran: « Im *Herzen* steckt der Mensch, und nicht im Kopf. »

Über die Kunst der Menschenbehandlung

Die Glaubwürdigkeit einer Sache kommt oft mehr durch die Heftigkeit des Verfechters zu schaden, als durch die Einwände des andern.

*

Zwei Sorten Leute muss man kennen und behandeln lernen: Die, welche Belehrung annehmen, und jene «Vollendeten», die sich nicht belehren lassen.

*

Wenn du deine Feinde noch nicht lieben kannst, dann behandle vorerst deine nächsten Freunde besser.

Über die Kunst der Menschenbehandlung

Wer im Leben Sieger bleiben will, muss Güte, sehr viel Güte haben, und wenn wir in der Kunst der Menschenbehandlung erfolgreich sein wollen, dann müssen wir auch Liebe haben. Die Liebe lehrt verstehen und das Richtige tun.

*

Lieben heisst verstehen.

*

Liebe ist Wunsch und Wille, andere glücklich zu machen und zugleich der einzige Weg, selbst glücklich zu sein.

*

Menschen lenken, heisst ihnen helfen, ihre eigenen Möglichkeiten zu erschliessen.

Über die Kunst der Menschenbehandlung

In manchen Betrieben vergisst man vor lauter Arbeit und Arbeitsleistung den Menschen und seine Seele.

Wenn wir Menschen mit neuem Arbeitseifer, mit Begeisterung für kleine und grosse Aufgaben erfüllen wollen, dann müssen wir auch hier einsetzen und für eine neue, bessere Vorgesetztenkunst besorgt sein.

Menschliche und doch disziplinierte Betriebsführung, kluge Führung und Förderung jedes Schaffenden, Erziehung und Selbsterziehung der Führer ist ein Erfordernis der Zeit.

Die Lösung der sozialen Frage ist nichts anderes als die Frage der Entwicklung, Förderung, Erziehung und Selbsterziehung des Einzelnen, vom Arbeiter und Meister bis zum obersten Chef.

Mensch und Arbeit

Nur der positiv zur Arbeit Eingestellte ist wirklich produktiv.

Mensch und Arbeit

Der weise Arbeitgeber legt Wert darauf, nicht nur Leute zu haben, die Hände, Füsse und das Mundwerk gebrauchen können, sondern auch ihren Kopf. Der Vorgesetzte aber ist der weiseste, der nicht nur Kopf, sondern auch Herz und Gemüt an der Arbeit hat.

*

Arbeit sei dir dreierlei : Nährer, Freudenbringer und Arznei.

*

Wir müssen arbeiten und glauben können, ohne uns Illusionen zu machen.

Mensch und Arbeit

Ein grossangelegter staatlicher oder privater Plan fruchtbringender Arbeitsbeschaffung wäre unvollständig, wenn er nicht das Programm einer Werbung für die Arbeit selbst enthielte.

Geht es doch vor allem darum, das Verhältnis der Menschen zur Arbeit auf eine andere, bessere Grundlage zu stellen.

Es gilt, vielen Tausenden mehr Freude zur Arbeit zu geben.

Es gilt, Begeisterung und die Liebe zur Arbeit zu pflanzen.

Es gilt, wieder eine aufbauende, positive Arbeitseinstellung, es gilt, wieder dankbare Menschen zu schaffen.

Mensch und Arbeit

Tausenden ist der Sinn der Arbeit verlorengegangen.

In Upton Sinclairs Roman « Petroleum » singen die Erdarbeiter :

Wir arbeiten,
um das Geld zu kriegen,
um die Nahrung zu kaufen,
um die Kraft zu haben,
um zu arbeiten,
um das Geld zu kriegen,
um Nahrung zu kaufen,
usw. usw.

Das ist der Weg der sinn- und freudlosen Arbeit. Denn dass diese Arbeitsauffassung die Erkenntnis des richtigen Wertes der Arbeit vermissen lässt, ist klar.

Mensch und Arbeit

Nur der freudig Schaffende kann höchste Werte schaffen.

Arbeit soll erheben und nicht verknechten. Arbeit soll befreien und nicht versklaven.

Arbeit darf keine Fron und keine Last sein.

Jeder, der Menschen beschäftigt und Menschen führt, denke darüber nach ; jeder helfe mit, dass die Arbeit wieder zum Segen werde.

Damit soll nichts gegen rationelle Arbeitsmethoden gesagt werden und nichts gegen die Maschinen. Wichtig ist aber, dass der Mensch die Maschine beherrsche und nicht die Maschine den Menschen.

Die Maschine soll den Menschen entlasten, ihn frei machen.

Statt dessen ist er immer stärker zum Sklaven der Maschine geworden. Tausende von Arbeitenden empfinden das und man konnte oder wollte das nicht verstehen.

Mensch und Arbeit

Bei jeder Entwicklung soll das Ziel immer der Mensch sein. Eine Wirtschaftsentwicklung, an welcher der Mensch zugrunde geht, ist Wahnsinn.

Der Masstab, den wir an die Dinge legen, sei immer der :

Dient es der menschlichen Entwicklung ?

Was ist Freiheit?

Wahre Freiheit ist geistiger Art ; wahre Freiheit kommt von innen.

Was ist Freiheit?

Freiheit ist zunächst nicht das, was viele sich darunter gerne vorstellen : Freiheit zu tun, was ihnen gerade passt.

Viele wähnen frei zu sein und sind doch die Gebundenen ihrer Meinungen, ihrer subjektiven Gefühle und Gedanken.

Viele wähnen frei zu sein und sind doch die Gebundenen ihrer früheren Fehler, die sie nicht erkennen oder zugeben wollen ; die Gebundenen ihrer kleinlichen, engen Interessen ; die Gebundenen der Zustände und Verhältnisse, die sie selbst geschaffen haben und nicht zu ändern wagen.

Wahre Freiheit ist weder ein Wunsch, noch ein Bekenntnis, sondern Möglichkeit und Tat.

Wahre Freiheit ist weder ein Darauf-pochen, noch Willkür, sondern Selbstbeherrschung aus freier Bindung.

Was ist Freiheit?

Mit der Freiheit ist es wie mit der Liebe: befehlen kann man sie nicht. Entweder wird erkannt, erfasst und gespürt, was sie ist, oder sie ist nicht da.

Wahre Freiheit ist grösser und höher als manche meinen. Was ist denn Freiheit? Hat nicht jeder sie mit in die Welt gebracht? — In freier Entfaltung dem Guten oder dem Bösen, dem Hohen oder dem Niederen sich zuzuwenden? Wählt nicht ein jeder täglich zwischen Freiheit und Knechtschaft?

Dass in dieser Hinsicht jeder wählen kann, das ist Freiheit.

Frei sein ist nicht so leicht; Freiheit verlangt ganze Menschen.

Freiheit muss errungen werden, wie alles, was köstlich und gross ist — und man muss ihrer würdig sein.

Was ist Freiheit?

Der Unfreie macht den Fehler, eine Rolle spielen zu wollen.

*

Die « Rolle » kommt von selbst, wenn wir danach trachten, uns selbst zu verwirklichen.

*

Der Freie bleibt sich selber treu.

Vom Dienen und Verdienen

Wie wir säen, so ernten wir

Besser säen, besser ernten. Mehr Wurzeln, mehr Früchte. Der gute Baum, der die meisten Früchte trägt, das ist der Baum mit den tiefsten Wurzeln.

Wie wir säen, so ernten wir

Mutter Erde ist fruchtbar, sie gibt vielfältig wieder, was wir mit Bedacht hineingelegt haben.

Mutter Erde ist unerschöpflich, wenn wir mit Verstand bebauen.

Alles auf dieser Erde ist Symbol. So ist auch Bebauen, Pflügen, Säen, Ernten ein Symbol.

Dem Menschen ist nicht Erde allein, sondern viel anderes mehr zum Bebauen anvertraut.

Der eine schafft, der andere investiert, der eine denkt, der andere lebt in den Tag hinein. Ein jeder baut und sät auf seine Art.

Keiner erntet anders, als er wirklich baut und sät.

Worauf einer baut, daraus erntet er auch.

Der Same ist wohl wichtig; doch ebenso, zu wissen, wohin man ihn legt, wie und wann man ihn sät.

Wie wir säen, so ernten wir

Wie der Kreislauf der Jahreszeiten, so folgen sich : Bebauen, Pflügen, Säen, Ernten.

Ein jeder achte darauf, was und wie er baut, denn nicht anders als er sät, ist immer auch die Ernte.

Die Scholle ist da ; am Menschen liegt es, sie richtig zu bebauen.

Wer ernten will, muss zuerst auch etwas säen.

Geringe Saat bringt geringe Ernte.

Wie die Saat, so die Ernte.

Wie wir säen, so ernten wir

Wer ernten will, muss säen, aber dann auch die Geduld haben, auf die Früchte warten zu können.

*

Wer Korn sät und davonläuft, bevor es reift, überlässt die Ernte andern.

Von der Dienstleistung

Auch im Berufsleben gilt : Wenn du auf die Dauer Freunde haben willst, dann sei selbst einer.

Von der Dienstleistung

Wir sollten nicht Gewinnen und Profitieren verwechseln. Wer wirklich gewinnen will, der sollte nicht der Allein-Profitierende sein.

Für gut geleistete Arbeit den gerechten Lohn verlangen, ist noch lange nicht profitieren. Das eine ist richtig, und das andere ist kurzsichtig.

Wer wirklich mit Gewinn verkauft, lässt dem Käufer durch die Vorteile, die er bietet, den grösseren Anteil am Gewinn.

*

Ein gutes Geschäft bringt zweien Gewinn : der andere muss ebenso profitieren, wie wir profitieren.

*

Dienst wird geleistet, wenn das, was wir bieten, den Bedürfnissen unserer Mitmenschen entspricht.

Von der Dienstleistung

Gewinnen bedeutet zuallererst nicht das Geld, sondern das Vertrauen und die Achtung des andern zu gewinnen.

*

Der beste Weg, andere an uns zu interessieren ist der, an ihnen interessiert zu sein.

*

Wem es am Selbstvertrauen fehlt, der untersuche, ob es ihm nicht nur an der Kenntnis dessen fehlt, was er für den anderen tun kann.

*

Es tut einer weniger als er sollte, wenn er weniger leistet als er könnte.

Von der Dienstleistung

Wer klingende «Gewinne» einheimst und dabei an seiner Seele ärmer wird, der greift in Tat und Wahrheit nur nach Scheingewinnen.

*

Nur das ist ein Gewinn, was wirklich dient und sich bewährt.

*

Jeder gewinnt im Grunde genau so viel, als er gesinnt ist; und jeder besitzt nur das, was er erleben und richtig werten kann.

*

Keiner kann mehr erwarten, als er selber in die Waagschale legt.

*

So mancher scheiterte, weil er vergass, dass Leben Dienst ist!

*

Leben ohne Dienstleistung ist leer. Jedes nur sich allein gelebte Leben ist immer erfolglos.

*

Wir wachsen im Leben nur in dem Masse, in dem wir dienen.

*

Wer sein Leben auf Dienst aufbaut, hat nie umsonst gelebt.

Von Geld und Besitz

Viele glauben oder glaubten, mit der Aufstapelung von Geld in alle Ewigkeit für ihre Sicherheit zu sorgen. Wer aber glaubt, dass Geld die einzige Stütze und das einzige Mittel für seine Unabhängigkeit darstellt, der wird diese Unabhängigkeit auch nie besitzen.

Die einzige wirkliche Sicherheit, die ein Mensch heute in dieser Welt haben kann, ist die Erkenntnis seiner innern Kraft und Berufung und eine starke Reserve an Wissen, Erfahrung und Können.

Ohne diese Basis und diese Qualitäten ist Geld praktisch wertlos.

Von Geld und Besitz

Geld ist nur Metall, wenn nicht die richtige Mentalität damit verbunden ist.

*

Es ist gut, Geld zu haben und Dinge, die man mit Geld kaufen kann. Aber es ist gut, von Zeit zu Zeit zu prüfen und sich zu vergewissern, ob wir nicht Dinge verloren haben, die man mit Geld nicht kaufen kann.

*

Zu allen Zeiten erweist sich seelische Stärke wertvoller als materieller Besitz.

*

Besitz kann verloren gehen. Seelische Kräfte wachsen auch im Sturm.

*

Alles hat nur so viel Wirklichkeit und Aussicht auf Bestand, als es gut ist.

Von Geld und Besitz

Es wird immer wieder vergessen, dass die Kräfte eines Volkes und eines einzelnen Menschen nicht in ihrem Goldvorrat liegen, sondern in ihrer moralischen und geistigen Kraft und der Summe ihrer Produktivität.

Nicht das Geld, das man besitzt oder zu besitzen glaubt, ist das Massgebende, sondern die Fähigkeit zu aufbauender Leistung.

Wenn man noch weiter gehen wollte, dann müsste man übrigens sagen, dass das Wesentliche der menschlichen Entwicklung ja nicht in der äusseren Wertsteigerung besteht, sondern in der Steigerung der inneren Werte.

Und wir glauben, dass in unserem Volke und in dieser Welt noch so viele innere Werte und starke produktive Kräfte liegen, dass uns vor keiner Verarmung gram zu werden braucht.

Die Menschheit hat ja im grossen ganzen bisher nur einen Teil der in ihr liegenden produktiven Möglichkeiten in die Tat umgesetzt. Wir nutzen nur ein Bruchstück dessen, was wir an schöpferischen Kräften in die Waagschale legen könnten.

Von Geld und Besitz

Verarmen können wir eigentlich nur an zwei Dingen : am Geld oder am Geist. Das eine nur ist wesentlich, das andere ist sekundär.

Von Voltaire stammt das Wort : Nicht Silber und Gold führen zu einem angenehmen Leben, sondern der Geist tut es. Ein Volk, das nichts als die Metalle hat, wird kümmerlich leben, ein Volk, das ohne diese Metalle seine Erzeugnisse günstig verwendet, wird in Wahrheit ein reiches Volk sein.

Damit soll natürlich nichts gegen das Geld an sich gesagt werden. Es ist mit ihm wie mit allen anderen Dingen : « Sie sind für die Menschen notwendig das, was sie gemäss ihrem Charakter daraus machen.»

Von Geld und Besitz

Wir müssen uns wohl auf der einen Seite bewusst sein, wie wir unser Geld ausgeben. Auf der andern Seite brauchen wir aber gerade in Geldangelegenheiten eine den Umständen angepasste Freizügigkeit.

Nie wird man wirklich erfolgreiche Menschen finden, die ängstlich an jedem Rappen hängen, den sie besitzen.

Geizhälse werden nie etwas Rechtes wagen. Sie sind ständig von der Angst beherrscht, ihr liebes Geld verlieren zu müssen.

Wenn sie dann endlich einmal etwas wagen, dann werden sie bestimmt das Falsche tun, und, wie sie es erwarteten, ihr Geld dann auch verlieren.

Von Geld und Besitz

Die Mehrzahl der Erfolgreichen hat sich aus einfachen Verhältnissen emporgearbeitet. Sie begannen als Habenichtse und hatten darum nichts zu verlieren, sondern nur zu wagen.

Ihr Wagemut half ihnen vorwärts.

Sie lernten die Augen aufmachen, sich rühren, die Möglichkeiten erkennen und erfassen.

Im Grunde ist es aber nicht ausschlaggebend, ob einer reich oder arm geboren ist, sondern ob er die richtige Erkenntnis und die richtige Einstellung besitzt.

Wer Erfolg haben will, darf nicht kleinlich sein.

Die Fähigkeit, Geld zu verdienen, kann auch die Fähigkeit sein, andern nützlich zu sein

Die Profiteinstellung ist kein Attribut des Mannes, der produziert, kauft und verkauft.

Man denkt vielfach gar nicht darüber nach, was unsere Wirtschaft eigentlich ist. Sie ist nichts anderes als die Beschaffung und Auswertung eigener und fremder Rohstoffe, ihre Veredelung und Verarbeitung und die Sicherung des Absatzes aller durch Kopf- und Handarbeit produzierten Güter.

Was nützen dem Bauern seine Kartoffeln, wenn er sie nicht verwerten, absetzen kann. Auch er muss Gestehungskosten, Spesen, Verzinsung und seinen Arbeitslohn beim Verkauf einrechnen.

Wie kann ein Betrieb mit 5, 500, 1000 und mehr Menschen, die dazu gehören, allen Arbeit geben, wenn die produzierten Güter nicht verkauft werden?

Wie ist Arbeitsbeschaffung möglich ohne Mitarbeit der besten Köpfe unserer Wirtschaft, ohne den Einsatz aller Praktiker der Wirtschaft und der Absatzförderung?

Die Fähigkeit, Geld zu verdienen, kann auch die Fähigkeit sein, andern nützlich zu sein

Leistungsvermehrung dürfe nicht Triebfeder des Arbeitens sein, denn durch Leistungssteigerung verstärke sich der Konkurrenzkampf und damit die allgemeine Vertrauenskrise, hat einmal ein der Konkurrenz nicht gewachsener Geschäftsmann erklärt.

Natürlich braucht Leistungssteigerung gar nicht primär die Triebfeder des Handelns zu sein, sondern ganz andere Beweggründe können ausschlaggebend sein, so zum Beispiel die Notwendigkeit der Existenzsicherung, unser Arbeits- und Tätigkeitswille, und der angeborene Drang, Besseres zu leisten, Fortschritte zu erzielen und nicht stehen zu bleiben.

Daraus ergibt sich dann für den Urproduzenten, den Landwirt, für den Fabrikanten, den Gewerbetreibenden, den Kaufmann, den Menschen in jedem Beruf von selbst, dass er darnach trachtet, mehr zu produzieren und mehr zu bieten. Auswüchse, die immer vorhanden sind, ändern nichts an diesen Tatsachen.

Die Fähigkeit, Geld zu verdienen, kann auch die Fähigkeit sein, andern nützlich zu sein

Die Vertrauenskrise ist ganz anderen Ursprungs. Sie ist tief verwurzelt in den menschlichen Unzulänglichkeiten, in den menschlichen Irrungen und Wirrungen und erst daraus ergeben sich die Auswirkungen, unter welchen die Auswüchse des Konkurrenzkampfes nur einen kleinen Teil ausmachen.

Treibt denn nicht auch der Landwirt, der neue und bessere Obstsorten pflanzt und sie auf den Markt bringt, Leistungs- und Produktionsvermehrung?

Und jeder Handwerker, der eine neue Werkstatt und damit eine neue Existenz eröffnet, um seine nach eigenen Ideen geschaffenen Möbel zu verkaufen?

Und der Buchhändler, der es wagt, ein Geschäft zu eröffnen, der Verleger, der seine Abonnentenzahl zu steigern versucht? Treiben sie nicht alle Umsatzvermehrung?

Und die Erfinder auf jedem Gebiet und die Schöpfer einer jeden Neuerung erhöhen ebenfalls den Konkurrenzkampf.

Aber steigert nicht auch jeder, der durch höhere Leistung und besseres Können sich mit Erfolg um

Die Fähigkeit, Geld zu verdienen, kann auch die Fähigkeit sein, andern nützlich zu sein

eine Stellung bewirbt, zu der sich hundert andere gemeldet haben, den Wettbewerb, den wir Konkurrenzkampf nennen?

Und steht nicht jeder, der das Gleiche tut wie sein Mitmensch, im Wettbewerb mit ihm?

Wie lassen sich diese Dinge anders lösen?

Eine Entwicklung ohne Wettbewerb unter Menschen ist nicht denkbar.

Es ist klar, dass der zügellose Kampf, wie wir ihn überall in der Natur sehen, überwunden werden muss, weil er der menschlichen Gemeinschaft unwürdig ist.

Dem Staat als Vertreter des Ganzen fällt ja die Aufgabe zu, über das Wohl des Einzelnen zu wachen und überall einzugreifen, wo Stärke und Schlauheit sich selbstherrlich auswirken, und dafür zu sorgen, dass der Ehrliche gegen den Unlauteren und der Anständige gegen den Unanständigen Schutz findet.

Der Wettbewerb jedoch ist notwendig, denn er fordert die besten Kräfte, die im Menschen sind, heraus.

Die Fähigkeit, Geld zu verdienen, kann auch die Fähigkeit sein, andern nützlich zu sein

Ein Mensch, der ständig behütet und in Watte gewickelt ist, wird nie eine bedeutende Leistung vollbringen.

Wer die Lebenslaufbahn seiner Kinder zu verpfuschen gedenkt, der räume ihnen alle Hindernisse weg.

Menschen, die etwas erreicht haben, und denen die Dinge nicht in den Schoss gefallen sind, haben sie in harten Kämpfen erreicht.

Leonardo da Vinci, einer der grössten Künstler aller Zeiten, der, wie manche glauben, ohne seinen Existenzkampf mehr erreicht hätte, sagte :

«Kraft wird aus dem Zwang geboren und stirbt an der Freiheit.»

Es ist verständlich, dass heute mancher die Flucht dem Kampfe, der Auseinandersetzung mit der Umwelt und den ihm gestellten Problemen vorziehen und in klösterlicher Ruhe Weltverbesserungs-Ideen nachhangen möchte.

Tausende schwärmen von Weltverbesserung und Umwälzung und vergessen dabei, dass die Aufgabe jedes Einzelnen vorerst in der Erfüllung des Naheliegenden ist.

Die Fähigkeit, Geld zu verdienen, kann auch die Fähigkeit sein, andern nützlich zu sein

Aus vielen kleinen Dingen, die wir getreulich erfüllen, ergeben sich erst die grossen Dinge.

Manche sind mit sich selbst und mit der Umwelt unzufrieden, weil sie das Schicksal merkwürdigerweise dazu bestimmt hat, sich mit faulen Zähnen, Paragraphen, unerzogenen Kindern, mit Papier, Zahlen. Drogen oder Maschinen abzugeben.

Sie vergessen aber, dass Hunderte von guten Möglichkeiten in ihrem eigenen Berufe liegen.

Tüchtige, fähige Köpfe können dazu beitragen, einer ganzen Gemeinde, ja einem ganzen Lande auf die Beine zu helfen.

Jedem liegt seine eigentliche Aufgabe viel näher als er meint. Im übrigen gilt für jeden der Leitsatz : «Bist du nicht berufen, so mache dich berufen!»

Das Wörtchen «sozial» wird so gerne missverstanden. Es heisst nicht Versorgung, es bedeutet nicht, es schön haben zu wollen mit so wenig Leistung als möglich. Es bedeutet, Entwicklungsmöglichkeiten offenhalten und fördern.

Die Fähigkeit, Geld zu verdienen, kann auch die Fähigkeit sein, andern nützlich zu sein

Es gibt eine Menge Leute, deren Thesen man vergeblich in ihrem eigenen Berufe sucht, deren Theorie und Praxis und deren Rede und Tat sich miteinander vertragen wie Feuer und Wasser.

Es ist zu sagen, dass eben mancher, der scheinbar altruistisch ständig von Idealen faselt, in Wirklichkeit nie zu einer altruistischen Tat fähig ist.

Im Grunde lebt er selbst nur von Illusionen und nährt sich von ihnen.

Mancher scheint ein Egoist zu sein, der tätig sät, bebaut und erntet. In Wirklichkeit schafft er aber doch für andere. Er schafft Arbeits- und Wirkungsmöglichkeiten und trägt zum Zusammenspiel des Ganzen bei.

Die Fähigkeit, Geld zu verdienen, kann also gleichzeitig auch die Fähigkeit sein, andern nützlich zu sein.

Von der Lernbereitschaft

Kann man jederzeit und im Alter noch hinzulernen?

Aufnahme- und Lernbereitschaft für alles Neue; Aufgeschlossenheit für alles, was uns fördert, sind typische Merkmale des erfolgreichen Mannes aus der Praxis.

Kann man jederzeit und im Alter noch hinzulernen?

Jeder ist so jung wie seine Aufnahmebereitschaft für Neues.

*

Der früh Verknöcherte hält starr an angelernten Meinungen fest. Für neue Ideen und Gedanken ist er unzugänglich.

*

Wer mit 21 Jahren aufgehört hat, in lebendigem, geistigem Wachstum ständig hinzuzulernen, ist mit 21 Jahren alt.

*

Jeder ist so lange jung, als er in die Zukunft blickt. Wer nur noch von Vergangenem lebt, ist alt.

*

Der Negative altert, der Positive hält sich jung.

*

Griesgram, schlechte Laune altert; ein froh Gemüt hält jung.

Kann man jederzeit und im Alter noch hinzulernen?

Man hört oft die Meinung, dass mit einem gewissen Alter die Fähigkeit, Neues aufzunehmen, abnehme, und dass es deshalb meistens zwecklos sei, ältere Berufstätige weiter fördern zu wollen.

Diese Ansicht ist unrichtig. Die Lernfähigkeit ist eine Angelegenheit der geistigen Haltung und nicht des Alters.

Es gibt Junge, die nach Absolvierung ihrer Lehr- oder Studienzeit sich als « ausgelernt » glauben und nichts Wesentliches mehr hinzulernen; und es gibt Menschen im vorgeschrittenen Alter, die täglich Neues hinzulernen.

Massgebend ist, ob wir verstehen, uns im Geiste jung zu erhalten oder nicht.

Wenn man von alten verknöcherten Institutionen oder Betrieben spricht, dann handelt es sich hier nicht um solche, die ausschliesslich ältere Leute beschäftigen, sondern um Gebilde, deren Geist und deren Methoden veraltet sind. Weder ein junger noch ein älterer Mensch kann in einer solchen Atmosphäre etwas ändern, wenn nicht gründlich mit dem eingefressenen, veralteten Geist aufgeräumt werden kann.

Kann man jederzeit und im Alter noch hinzulernen?

Ein bekannter Psychologe, Prof. Dr. E. L. Thorndike, erklärt jedes Alter vom 15. bis 45. Jahr für besser zum Lernen, als eines vom 10. bis 14. Jahr.

Vor allem weist er auf den biologischen Unterschied zwischen dem Lernprozess des Kindes und des Erwachsenen hin. Der Erwachsene weiss eher, durch Erfahrungen belehrt, wo seine eigentlichen Fähigkeiten liegen und was er zu ihrer weiteren Ausbildung lernen muss.

Interessant sind die Versuche, die Thorndike mit Lehrern anstellte, die er in drei Altersklassen von 20 bis 29, 30 bis 39 und 40 bis 49 einteilte.

Bei den Prüfungen zeigten die ersten beiden Gruppen ungefähr dasselbe Ergebnis, während die letzte Gruppe sich als die geistig fähigste erwies.

Thorndike wies nach, dass die Altersgruppen von 20 bis 25, 26 bis 34, 35 bis 37 ungefähr gleichmässig gut Sprachen lernen.

Interessanter aber war, dass seine Versuche zeigten, dass bei einem Wettbewerb zwischen 18jährigen und 57jährigen die Alten doppelt so schnell lernten wie die Jüngeren. Verglichen mit allen Gruppen lernten selbst begabte Kinder im Alter von 9 bis 11 Jahren am langsamsten.

Kann man jederzeit und im Alter noch hinzulernen ?

Versuche, die mit Gefangenen im Alter von 17 bis 54 Jahren gemacht wurden, die höchstens 7 Schulklassen durchgemacht hatten und nicht besonders intelligent und zudem ausser Übung waren, bewiesen, dass sie als Erwachsene schneller lernten, als sie es mit 10 oder 12 Jahren getan hätten.

Es ist einleuchtend, dass ein Kind im Schulalter körperlich und geistig völlig anders als ein Erwachsener organisiert ist. Darin liegt ja eigentlich auch der Grund, weshalb Erwachsene besser lernen als Kinder im frühen Lebensalter.

Der Erwachsene begreift die Notwendigkeit des Lernens viel besser als ein Kind. Bestimmte gesteckte Ziele führen ihn dazu, den ihm noch fehlenden Wissensstoff sich anzueignen, und damit beginnt für ihn die wertvollste Erziehung, die es überhaupt gibt, die Selbsterziehung.

Fähigkeiten und Talente lassen sich natürlich von aussen fördern. Aber das Persönliche und Eigene in uns lässt sich nur durch Selbsterziehung entwickeln. Nur im täglichen Kämpfen, im Überwinden von Hindernissen und Schwierigkeiten lernen wir die verfügbaren Kräfte kennen, beherrschen und anwenden.

Deshalb muss sich ja auch immer die Erwachsenen-Erziehung und die Förderung von Staats-

Kann man jederzeit und im Alter noch hinzulernen?

angehörigen als Ziel stecken: Anreger zu sein für die Selbst-Entwicklung und Selbst-Erziehung jedes Einzelnen.

Vor allem müssen wir wissen, dass die Natur in der Regel im Menschen die grossen Leistungen langsam ausreifen lässt.

381 der grössten Männer der Weltgeschichte schufen ihre Meisterwerke mit durchschnittlich 47 $^1/_2$ Jahren. Es ist somit ein Unsinn, wenn wir versuchen wollen, aus kleinen Kindern frühreife Intellektuelle zu machen und Männer zwischen 40 und 50 zum alten Eisen zu werfen.

Diese wenigen Hinweise sollten genügen, um das Märchen von der Lernunfähigkeit Erwachsener zu stürzen.

Es ist wissenschaftlich erwiesen, dass die Lernfähigkeit bis ins hohe Alter bestehen bleibt.

Zur Förderung des Mitarbeiterstabes in staatlichen und privatwirtschaftlichen Betrieben handelt es sich somit darum, die Lernbereitschaft zu erhalten.

Wie? — Indem wir das, was wir beibringen wollen, in geniessbarer Form bringen, und indem wir nicht belehren wollen, sondern Interesse wecken; nicht Theorie bringen, sondern aus der Praxis heraus fördern.

Kann man jederzeit und im Alter noch hinzulernen?

Geistige Frische und Jugend muss nicht notwendigerweise eine Begleiterscheinung der untern Altersstufen sein. Jung sein ist eine Angelegenheit der geistigen Haltung.

*

Jung bleibt, wer sich geistig frisch und offen hält.

*

Solange wir uns noch begeistern können, sind wir jung.

*

Nicht die Länge des Lebens zählt, sondern der weise Gebrauch der Stunden und Jahre.

*

Menschen lassen sich in drei Klassen einteilen, sagt ein altes arabisches Sprichwort : « Diejenigen, die unbeweglich sind ; diejenigen, die beweglich sind, und diejenigen, die sich bewegen.»

Aus den Erfahrungen anderer lernen

Der tüchtige Mann der Praxis findet auch heute noch Erfolgsaussichten und Erfolgsmöglichkeiten, wenn die notwendigen Voraussetzungen für den Erfolg durch ihn erfüllt werden, wenn er bereit ist, aus den Erfolgen anderer zu lernen.

Aus den Erfahrungen anderer lernen

Hat der Mensch im allgemeinen wirklich Interesse an der Lösung seiner eigenen Lebens- und Berufsprobleme? Denkt er wirklich ernstlich daran, seine Kenntnisse zu ergänzen, mit allen Mitteln seine ureigene Entwicklung zu fördern?

Manchmal zweifelt man daran. Man kann Hunderte von Menschen aller Berufe kennenlernen, die es abgelehnt haben, aus den Erfahrungen anderer zu lernen, und aus dem Vorteil zu ziehen, was andere bei der Lösung ihrer Probleme herausgefunden haben.

Die Denktätigkeit der Mehrzahl bewegt sich in ausgefahrenen Geleisen. Der Kleinkram des Alltags füllt sie aus und nimmt sie gefangen.

Aus den Erfahrungen anderer lernen

Und doch, wenn man sie hinsichtlich ihrer Pläne und Hoffnungen fragt, scheint es, als ob sie den Ehrgeiz und den Willen hätten, vorwärts zu kommen. Aber sie schreiben den Grund ihrer Misserfolge dem Mangel an Zeit, an Gelegenheit, an Glück usw. zu.

In Wirklichkeit ist es so, dass sie nicht gewillt sind, den Preis zu bezahlen für das, was sie erreichen wollen.

Woraus setzt sich nun dieser Preis zusammen? Zumeist aus Anstrengung, harten Mühen, gründlichem Überdenken, Durchhalten, Fleiss und Geduld.

Der Preis muss bezahlt werden in Form von Mut — Mut, einen guten Teil der Einnahmen wieder für die eigene Entwicklung zu verwenden — Mut, eine Idee aufzugreifen und durchzuführen — Mut, Fehler einzugestehen, Altes über Bord zu werfen und etwas Neues, Förderliches zu unternehmen.

Gewöhnlich haben wir die Tendenz, der Wirklichkeit auszuweichen und uns gewissen Illusionen hinzugeben.

Je länger wir aber Illusionen nachgehen, um so schwerer wird es für uns, aus den Schwierigkeiten herauszukommen.

Aus den Erfahrungen anderer lernen

Unzählige Quellen der Anregung und der Förderung sind denen verschlossen, die nicht bereit sind, aus den Erfahrungen anderer zu lernen.

Täglich geraten wir zum Beispiel an solche, die behaupten, dass sie aus der Lektüre guter Fachliteratur nicht das Geringste gewinnen könnten, oder dass sich die Ideen anderer nicht auf ihren Berufszweig übertragen liessen.

Es sollte doch aufschlussreich genug sein, dass führende Köpfe auf allen Gebieten nicht nur zielbewusste Pioniere sind, die vorausgehen, sondern Menschen, die ständig aus dem, was andere fertigbringen, lernen.

Diese Menschen wissen, dass es närrisch wäre, zu versuchen, Neues und Besseres zu leisten, ohne vorher geprüft zu haben, was bisher schon vom Besten auf diesem Gebiet geleistet worden ist.

Aus den Erfahrungen anderer lernen

Fortschrittliche Menschen wissen, dass seit Hunderten von Jahren die wichtigsten Lebensäusserungen sich nicht geändert haben. Sie wissen aber auch, dass die Welt nicht stehen geblieben ist, dass sich im Gegenteil ihr Bild von Jahr zu Jahr geändert hat und noch ändern wird.

Die Entwicklung zu übersehen und zu ignorieren, welche Methoden und Erfahrungen andere im Verlaufe der neuesten Entwicklung herausgefunden und erprobt haben, bedeutet nichts anderes, als sich der nützlichsten Erkenntnisse und der besten Quellen für bessere und wirksamere Leistungen zu verschliessen.

Eines der wichtigsten Erfordernisse, die kluge Lebensführung verlangt, ist die Fähigkeit, Übersicht zu schaffen ; trotz der Vielfalt der Probleme, das Einzelne nicht zu übersehen ; aus dem Einzelnen das Wesentliche zu erkennen und schliesslich über das Einzelne hinaus das Ganze zu erfassen.

Es gibt keine Einsicht ohne den richtigen Standpunkt, ohne die unterscheidende Übersicht.

Aus den Erfahrungen anderer lernen

Dreierlei Leute gibt es : diejenigen, die nun einmal nicht sehen wollen ; die noch nicht sehen gelernt haben und die dritten, die mehr oder weniger gelernt haben, vom erhöhten, selbstgezimmerten Beobachtungsstand aus sich den notwendigen Überblick und damit Einsicht zu schaffen.

Immer, wenn es darum geht, sich Klarheit zu verschaffen, Entschlüsse zu fassen, versagen diejenigen, die vor lauter Bäumen den Wald nicht sehen.

Es sind dieselben, die dann noch jammern und anklagen, wenn es ihnen recht gut geht ; es sind dieselben, die schimpfen und poltern, weil sie in ihrem eigenen Irrgarten den richtigen Pfad nicht sehen.

Wer möglichst sicher und ungeschoren durch den Irrgarten der Probleme unserer Zeit kommen will, muss Wesentliches vom Unwesentlichen unterscheiden können, muss alle Hilfsmittel der Orientierung herbeiziehen, um in Nebel, Sturm und Wind den richtigen Kompass benützen und richtig steuern zu können.

Es ist nicht immer leicht, sich Übersicht zu verschaffen, und gerade jetzt am allerwenigsten. Trotzdem ist es notwendig.

Ohne Übersicht gibt es keine Einsicht.

Aus den Erfahrungen anderer lernen

Erfolgreiche sind deshalb erfolgreich, weil sie es verstehen, aus der grösstmöglichen Zahl von Informationsquellen zu schöpfen.

*

Wer fortschreitet, weiss, dass er jede Arbeit, die er heute tut, in einem Monat noch besser machen wird.

*

Alles, was getan wird, kann noch besser getan werden.

*

Erfahrung ist nicht das, was den Mann ausmacht; was einer aus der Erfahrung macht, das macht den Mann.

*

Auch mit der besten Methode weiss der nichts anzufangen, der sie nicht versteht.

Keiner ist allein auf dieser Welt mit seinen « ganz besonderen »
Problemen

Wenn mehr Menschen ihre vorgefassten Meinungen, die ihr Urteil trüben und offene Wege verbauen, korrigieren könnten, wenn sie einsähen, dass sie nicht allein auf der Welt sind mit ihren « besonderen » Problemen, dann würden sie bestimmt eine Lösung in den Erfahrungen anderer, gleich welcher Branche finden.

*Keiner ist allein auf dieser Welt mit seinen « ganz besonderen »
Problemen*

Nahezu jeder Berufstätige, ganz gleich welchen Gebietes er sei, steht den gleichen Problemen gegenüber.

Irgendwelche « ganz besondere » Probleme, die nicht mit andern irgendwelche Berührungspunkte hätten, gibt es nicht.

Unzählige haben mit genau den gleichen Problemen zu tun gehabt, die der eine als sein unlösbares « spezielles » Problem ansieht.

Während der eine über einem solch unlösbaren Problem das Handeln vergisst, geht irgend ein anderer hin und findet einen Weg.

Es gibt nur einige wenige fundamentale Lebens- und Berufsprobleme.

Die gleichen Probleme wiederholen sich immer und immer wieder in jedem Tätigkeitszweig.

Aber was besonders wichtig ist : sie wurden wiederholt von tüchtigen Leuten gelöst.

Die chinesische Gebietsmauer

Kein Mann der Praxis kann die besten Methoden einzig in seinem Beruf und auf seinem Gebiet erlernen. Ständig muss er von aussen hinzulernen.

Die chinesische Gebietsmauer

Eine der häufigsten Feststellungen, die man immer wieder machen kann, ist die, dass eine grosse Zahl von Menschen glaubt, gerade ihr Gebiet sei ganz speziell; gerade in ihrem Gebiet sei es eben anders als in andern Berufszweigen; und es sei ausgeschlossen oder zum mindesten wenig Aussicht vorhanden, von andern Gebieten etwas zu lernen.

Mancher Spezialist eines Fachgebietes lehnt es ab, Anregungen anzunehmen oder auch nur zu prüfen, die nicht innerhalb der eigenen chinesischen Gebietsmauer ausgebrütet wurden.

Es gibt auch nicht wenige Leiter mittlerer oder grösserer Betriebe, die erklären, von kleinen Geschäften nichts lernen zu können, und andererseits sind Tausende, die kleinen Betrieben vorstehen, der Meinung, aus den Methoden grosser Betriebe könne man nichts lernen.

In der Regel fehlt es hier an der Fähigkeit, irgendwo Beobachtetes auf die eigenen Bedürfnisse umzudenken und sogleich zu übertragen.

Manchmal ist die Festlegung und Voreingenommenheit derart stark, dass sie jedes Erkennen von Übertragungsmöglichkeiten überhaupt ausschliesst.

Die chinesische Gebietsmauer

Im Grunde wissen wir eigentlich nie im voraus, woher uns wieder die nächste gute Idee zukommen wird. Wir müssen aber wissen, dass wir nur dann neue Ideen bekommen, wenn wir bereit sind, sie von überallher aufzunehmen.

Am häufigsten finden wir die Meinung von der Ausschliesslichkeit und der ganz speziellen Art des eigenen Gebietes.

Ich nenne diese Einstellung « die chinesische Gebietsmauer ». Man ist derart von der Eigenart der Fachprobleme überzeugt, dass es bis zur totalen Abschliessung nach aussen kommen kann.

Jedes Gebiet hat natürlich seine Eigenart, das ist richtig. In jedem Gebiet ergeben sich aber starke Parallelen, und es könnte von grossem Nutzen sein, wenn jeder etwas über seine « chinesische Mauer » hinausblicken würde. Er könnte Dinge entdecken, die für die Entwicklung seines Denkens und seiner Arbeit bestimmend sein könnten.

Die chinesische Gebietsmauer

Die Prüfung der Gründe, die zum Aufstieg Hunderter von Berufsleuten führten, zeigt im Gegenteil immer wieder, dass die besten Ideen oft gerade aus fremden Gebieten geholt werden. Gerade die Loslösung und die Befreiung von der Fachroutine, von den vielen Details der eigenen täglichen Arbeit, könnte oft Wunder wirken.

Jeder Berufstätige sollte es fertig bringen, sich zu gewissen Zeiten gänzlich von seiner gewohnten Arbeit frei zu machen, sei es nun für einige Stunden oder für Tage.

Vielleicht liesse sich die Zeit zu einer Reise benützen oder sonst zu einer Pause, die genügend Musse für unvoreingenommenes allseitiges Beobachten böte.

Dann müsste er sich die Aufgabe stellen, ganz unvoreingenommen an seine Arbeit zurückzukehren und sie mit ihren Problemen einmal mit ganz andern Augen von aussen und innen zu betrachten.

Die chinesische Gebietsmauer

Wenn jeder an verantwortlicher Stelle sich Befindende das einmal, zweimal, dreimal im Jahre tun würde, dann müsste sich in seinem Berufe manches zu seinem Vorteil verändern.

Damit würde er nicht nur die « chinesische Mauer » des Gebietes durchbrechen, sondern auch die « chinesische Mauer » des eigenen Ichs, die es mehr oder weniger ebenfalls gibt.

Die Bereitschaft, von aussen stets Neues aufzunehmen und zu lernen ist eines der wichtigsten Erfordernisse, sich selber jung und lebendig zu erhalten.

Von der Kunst, Zeit zu haben

Ein Forscher, der den obern Amazonenstrom bereiste und jahrelang unter den Indianern lebte, erzählt folgendes Erlebnis :

« Als ich einmal vorhatte, so rasch als möglich in einer bestimmten Richtung durch den Dschungel vorzudringen, war ich erfreut zu sehen, dass auch die Eingeborenen an den ersten beiden Tagen ebenfalls ein beschleunigtes Tempo anschlugen. Am dritten Morgen aber, als es Zeit war, aufzubrechen, bemerkte ich, dass die lagernden Eingeborenen nicht die geringsten Anstalten machten, den Marsch fortzusetzen. Erstaunt fragte ich den Anführer, warum seine Leute denn so gemütlich dasässen, wo es doch Zeit wäre zum Aufbruch. »

« Sie warten », antwortete der Anführer, « denn sie können nicht weiter, bis ihre Seelen, die nicht so schnell zu gehen vermögen, nachgekommen sind.»

Von der Kunst, Zeit zu haben

Es gibt keine bessere Illustration, um die Seelenlosigkeit unseres heutigen Tempos darzustellen. Wie oft hätten wir es nötig, in unserer Eile einen Augenblick innezuhalten und zu warten, bis die Seele nachgekommen ist.

Wie so mancher glaubt, keine Zeit zu haben und erkennt dann zu spät, dass er einen grossen Teil seiner Zeit für Nichtiges und Wertloses verschwendet hat.

Wie mancher bemüht sich in grosser Eile und Geschäftigkeit um irgendeine Sache und muss dann später feststellen, dass er sie in Ruhe besser angepackt und gelöst hätte.

Die Kunst, für die wichtigen Dinge Zeit zu haben, zählt zu den wertvollsten Fähigkeiten, die sich wirklich beschäftigte Menschen angeeignet haben.

Nicht gegen, sondern für etwas kämpfen

Weshalb sollten wir nicht auch von unserem Mitbewerber oder Gegner lernen können?

Nicht gegen, sondern für etwas kämpfen

Nicht sehr häufig finden wir Menschen, die auch beim Konkurrenten das Positive zu sehen vermögen. Man kann mit ziemlicher Sicherheit sagen : Je grösser der Hass, desto grösser die Blindheit und um so grösser die Fehler, die bei der Beurteilung der Motive und der Ziele der Mitbewerber oder Gegner gemacht werden.

Mit Hass und Blindheit geschlagene Gegenspieler lassen sich zu Äusserungen und Handlungen hinreissen, die schliesslich auf sie selbst zurückfallen.

Immer wird negative Einstellung jeden in die Unmöglichkeit versetzen, die Dinge unvoreingenommen und objektiv zu sehen und immer wird solche Einstellung den Eindruck der Engherzigkeit und der Kleinlichkeit hinterlassen.

Lassen wir uns bei der Einstellung einem Mitbewerber gegenüber immer vom Grundsatz leiten, nicht gegen, sondern *für* etwas zu kämpfen, nicht gegen, sondern *für* etwas zu sein.

Nicht gegen, sondern für etwas kämpfen

So wie man schlechte Gewohnheiten nicht durch Bekämpfen besiegt, sondern indem man sie durch gute ersetzt, so sollte man nicht gegen die Leistungen unangenehmer Gegner schreien und kämpfen, sondern selbst positive Leistungen vollbringen.

Es ist immer fruchtbarer, seine besten Kräfte nicht an negative Kritik, nicht an destruktives Denken, sondern an aufbauende Arbeit zu wenden.

Wer jeden Schritt und Tritt vermeintlicher oder wirklicher Konkurrenten mit missgünstigen Blikken verfolgt, wessen ganzes Sinnen und Trachten darauf gerichtet ist, immer Neues zu entdecken, was der Bekämpfung wert scheint, wird mit grösster Wahrscheinlichkeit der Gefahr verfallen, die Schuld immer andern zuzuschieben, statt sie bei sich selbst zu suchen.

Er wird der Gefahr verfallen, sich selbst zu verlieren, seine besten Kräfte zu verzetteln und die eigenen Möglichkeiten zu verpassen.

Er wird kreuz und quer dem Weg eines andern folgen, statt seine eigenen Kräfte und seine eigenen Ziele zu finden.

Die Sonne schein für alle Leute

Es gibt Mitbewerber, die bewusst nach Mitteln und Wegen suchen, um dem andern zu schaden. Sie schaden sich dadurch selbst am meisten.

Wir sollten lernen, die Dinge auch mit den Augen des andern zu sehen. Wir könnten um manche Einsicht reicher werden.

Die gesamte Volkswirtschaft ist eine Form des gegenseitigen Austausches von Dienstleistungen, der gegenseitigen Hilfe.

Der wirklich produktiv Tätige weiss, dass er vor allem Dienst am Ganzen leistet.

Der Kaufmann einer kommenden Zeit wird darnach trachten, mehr als Ware : Dienstleistungen zu geben ; die Aufgeschlossenen auf allen Posten des Lebens und Wirkens werden mehr als arbeiten : dienen.

Und wenn heute der eine findet, der andere tue ihm im täglichen Wettbewerb der Leistungen unrecht, dann verzeihe er ihm und prüfe bei sich selbst, ob nicht der Neid sein Sehen trübe.

Die Welt hat Platz für alle.

Arbeit um der Arbeit willen

Es hält oft schwer, begreiflich zu machen, dass der Mann, der einzig um des klingenden Lohnes willen arbeitet und darum Erfolg sucht, eines übersieht: zuerst an seine Dienstleistung zu denken.

Andern, der Gemeinschaft zu nützen, das war immer das offene Geheimnis wirklich grosser und erfolgreicher Arbeiter.

Ideenbringer, grosse Erfinder, haben, vor einer Aufgabe stehend, nie an den klingenden Lohn gedacht.

Sie konzentrierten sich auf ihre Arbeit, ihr Werk derart, dass sie sich selbst dabei vergassen.

Sie arbeiteten um der Sache, um der Arbeit willen.

Wer so arbeitet, kommt auch nie in Gefahr, ein Sklave seiner Arbeit zu werden. Er beherrscht die Arbeit, nicht die Arbeit ihn.

Ein freier Arbeiter ist nur der, der nicht der Arbeit Knecht ist.

Der freie Arbeiter arbeitet mit Liebe, eben darum, weil er frei ist.

**Schwierigkeiten
sind da,
um überwunden
zu werden**

Wie Schwierigkeiten leichter überwinden?

Wer sich mutig an die Probleme heranmacht, Schwierigkeiten als Ansporn betrachtet, wird immer Mittel und Wege finden, sie zu überwinden.

Wie Schwierigkeiten leichter überwinden?

Schwierigkeiten, mögen sie noch so gross sein, sind für den zielbewussten Menschen keine Hindernisse, die nicht überwunden werden könnten. Sie erfüllen im Gegenteil jeden Pionier mit neuer Kraft und neuer Energie.

*

Der Bach, der stets den Weg des geringsten Widerstandes geht, wird krumm. Sehen wir zu, dass es uns nicht gleich ergeht.

*

Unkraut kommt, ohne dass wir etwas leisten. Aber um einen Sack Kartoffeln zu ernten, muss man die Hacke gebrauchen.

*

Erfolge kommen weniger dadurch, dass wir Hindernisse zu vermeiden trachten, als dass wir sie zu überwinden suchen.

Wie Schwierigkeiten leichter überwinden?

Manche gute Anregung verpufft, weil das oft notwendige « bisschen mehr » fehlt.

*

Wer selbst die besten Früchte ernten will, muss auf den Baum steigen ; wem die verbeulten genügen, der schüttelt ihn oder wartet darauf, dass die Früchte von selbst herunterfallen.

*

Es gibt wenig Befriedigung, sich nur mit Dingen zu beschäftigen, die keine Schwierigkeiten bieten.

*

Auf einem leichten Posten ist noch keiner tüchtiger geworden.

Wie Schwierigkeiten leichter überwinden?

Ist es nicht auffallend, dass der sportlich Eingestellte Schwierigkeiten geradezu aufsucht, um daran zunehmendes Können und wachsende Kräfte zu messen?

Und wie kommt es, dass der sportlich Eingestellte seinen Rucksack stundenlang schwitzend und doch fröhlich aufwärts trägt?

Weshalb können wir nicht auch die täglich sich zeigenden Schwierigkeiten des Berufes als wertvolle Hilfsmittel unserer Selbst- und Kraftentfaltung betrachten?

Weshalb sollen sie uns nicht zu höheren Leistungen und zur Übernahme höherer Verantwortung im Rahmen des Ganzen fähig machen?

Keinem werden Schwierigkeiten erspart werden. Ein Unterschied besteht nur darin, dass sie den einen tüchtiger und wertvoller machen, den andern aber zur mutlosen Jammerorgel.

Die Widerstände sind dieselben. Es kommt nur darauf an, wie der Einzelne ihnen begegnet.

Es ist darum wichtig, mit welcher Einstellung wir an Schwierigkeiten herantreten.

Wie Schwierigkeiten leichter überwinden?

Immer dann, wenn die richtige Einstellung und das notwendige Können fehlen, dann bleibt unser Leben ein mühseliger Krampf und Kampf.

Machen wir es wie beim Sport. Lassen wir Können, Mut und Kraft an überwundenen Schwierigkeiten wachsen.

Wie auch die Verhältnisse und Zeiten sein mögen, es gibt einen Ausweg aus jeder Schwierigkeit, nämlich den, daraus lernend erfahrener, tüchtiger und beharrlicher zu werden.

Jeder wirkliche Erfolg verlangt Können, hartnäckige Ausdauer und stets erneute Hingabe an das Ziel.

Wie Schwierigkeiten leichter überwinden?

Die Welt ist voller Kakteen; doch ist es nicht nötig, dass wir uns ausgerechnet daraufsetzen.

*

Der Überlegene sucht Fehler bei sich selbst, der andere irgendwo anders.

*

Der tüchtige Mensch ist dankbar für verlorene Kämpfe, für erlebte Enttäuschungen, kleine und grosse Irrtümer, wenn er daraus zu lernen versteht.

*

Wenn ein Fisch nicht anbeisst, dann schimpft ein Gelegenheitsfischer auf die Angel, der Unstete auf die Angelstelle, der Unzeitige auf das Wetter und der Untüchtige auf sein Unglück. Der richtige Fischer aber fährt fort zu fischen und kehrt mit einem vollen Netze heim.

*

Es scheint, dass das Glück immer mit demjenigen ist, der sich nicht darauf verlässt.

Nicht sorgen, sondern wagen

Menschen, die auch unter schwierigen Verhältnissen sich zu positiver Einstellung durchringen, verlieren weder ihre Haltung, noch ihr Selbstvertrauen, noch die innere Sicherheit, aus der allein klares Überlegen, Entscheiden und Handeln möglich ist.

*

Schlimmer als Schwierigkeiten ist die Tendenz, sie zu meiden.

Nicht sorgen, sondern wagen

Schwarzseher sind Missgeschicks-Magneten, Sorgen-Anzieher.

*

Frohsinn ist das Öl des menschlichen Motors. Trübsinn schädigender Rostansatz.

*

Die Lebensleiter ist voller Holzsplitter, aber sie machen sich erst dann am stärksten bemerkbar, wenn wir rückwärtsrutschen.

*

Wir sollen dem Leben die schönsten Seiten abzugewinnen suchen. Das heisst aber nicht, dass wir nur die schönen Seiten suchen sollen, sondern dass wir lernen sollten, in allem auch die guten Seiten zu finden.

*

Wir können uns beklagen, weil Rosenbüsche Dornen haben, oder uns freuen, weil Dornenbüsche Rosen tragen. Es kommt darauf an, wie wir es ansehen.

Nicht sorgen, sondern wagen

Soll man abwarten oder handeln, für die Gegenwart leben oder für die Zukunft? Das fragen sich immer wieder etliche.

Wer sich darüber lediglich in einen Wortstreit verliert, wird kaum zu einem richtigen Ergebnis kommen.

Das eine besteht nicht ohne das andere. Beide sind auch nicht so weit auseinander. Wir leben in der Zukunft dessen, was gestern noch Gegenwart war.

Nicht sorgen, sondern wagen

Der Kluge denkt an das Morgen, ohne sich falsche Hoffnungen zu machen.

Der Weise wirkt am Kommenden, indem er es heute vorbereitet.

Die wichtigste Stunde des Lebens ist immer die gegenwärtige. In dieser Stunde säen, handeln, wirken wir.

Was getan werden kann, soll jetzt getan werden oder jetzt vorbereitet werden.

Die gegenwärtige Stunde gehört uns. Wir besitzen nur diese und die kommenden beeinflussen wir nur durch diese.

Unsere stete wache Frage ist die : Was kann *jetzt* getan werden ?

Handeln wir darum nach dem Wort : « Die Gegenwart ist unser.»

Nicht sorgen, sondern wagen

Was kann man machen, sagt nun so mancher, es nützt ja doch nichts!

Das ist natürlich auch ein Standpunkt, nur ist es von der « Nützt-doch-nichts »-Einstellung nicht weit zum « Nützt-nichts »-Ergebnis.

Der « Nützt-doch-nichts »-Standpunkt kommt meist aus schwachem Wollen. — Er macht mutlos, schwächt die Stosskraft und den Elan zur Tat und zum Erfolg.

Ford sagte einmal richtig, es gäbe mehr Leute, die kapitulieren, als solche, die scheitern.

Aus Furcht vor dem Scheitern wird von vornherein alles aufgegeben. Es wird vergessen, dass ein Misserfolg nie eine Schande ist, wohl aber die *Angst* vor dem Misserfolg.

Während der Unentschlossene zweifelt, klärt der Entschlossene durch Handeln. Nichts kann ihn zurückhalten. Darum erreicht nur der Entschlossene etwas.

Wenn es beim ersten, dritten, fünften Mal nicht geht, dann geht es eben beim zweiten, vierten, sechsten oder siebenten Mal.

Der Entschlossene verliert seine Zuversicht auch dann nicht, wenn die Dinge aussichtslos scheinen,

Nicht sorgen, sondern wagen

noch weniger bei Misserfolgen. Alles vermag ihn nur zu neuem Einsatz anzuspornen.

Nur wer aufgibt, wird selbst aufgegeben.

Was auch immer kommen mag, wir brauchen volle Bereitschaft, den ganzen Einsatz unserer Kräfte und unseres Könnens.

Jede Lauheit schwächt unsere Bereitschaft, den Hindernissen gewachsen zu sein.

Nur der Einsatzbereite ist den Schwierigkeiten gewachsen, die da kommen mögen.

Nehmen wir aber auch die kleinen täglichen Hindernisse ernst genug. Gerade an kleinen Hindernissen scheitert oft die Verwirklichung grösserer Pläne, denn bevor wir grössere Aufgaben an uns herantreten lassen können, müssen wir den Nachweis erbringen, dass wir den kleinen Aufgaben gewachsen sind.

Tausende ziehen den sicheren Hafen dem offenen Meere vor. Der Wettbewerb ist jedoch kein geschützter Hafen, sondern offenes Meer, und wie kann einer dem offenen Meere gewachsen sein, wenn er einzig wagt, im geschützten Hafen zu gondeln?

Nicht sorgen, sondern wagen

Wer Erfolg haben will, muss nicht nur arbeiten, sondern auch wagen können und er muss auch das Neue, Kommende bejahen.

Wir können nicht negativ denken und positiv handeln. Bejahen wir darum das Neue, Kommende.

Nur durch schöpferisch aufbauendes Denken und Wollen überwinden wir die Sorge um die Zukunft und die Schwierigkeiten des Alltags.

Unsere bejahende Einstellung ist es, die uns den Sieg im Leben sichert.

Klagen macht unsere Zeit nicht besser

Unzufriedenheit mit dem Schicksal kommt vielfach daher, weil der eine falscherweise glaubt, das Leben sei für den andern leichter als für ihn selbst.

Klagen macht unsere Zeit nicht besser

Nach dem, was die Menschen einander erzählen, ist gerade das, was sie nicht haben, das Wertvollste.

*

Es gibt Leute, die destruktiv denken, schreiben und handeln. Es sind entweder die Niederreisser, die Heruntermacher oder die chronischen Jammertanten.

*

Wenn ein Mensch die Idee im Kopf herumträgt, die ganze Welt hätte sich gegen ihn verschworen, dann wird es auch so sein.

*

Der grösste Irrtum, den wir im Leben machen können, ist der, ständig zu befürchten, dass wir einen machen könnten.

Klagen macht unsere Zeit nicht besser

Zeiten und Verhältnisse scheinen immer beklagenswert, denn solange es Menschen gibt, sind sie nie mit dem zufrieden, was sie haben.

Es scheint merkwürdig und doch ist es so: die Ursache vieler beklagenswerter Umstände ist gerade in dieser Selbst-Bemitleidung zu suchen.

Wer sich selbst bedauert, leistet sich tatsächlich den schlechtesten Dienst, den er sich in dieser Lage leisten könnte.

Die ungünstige Wirtschaftslage, die schlechten Zeiten sind die ständige Klage so vieler Leute. Keiner von ihnen denkt daran, dass gerade dieses ständige Reden von schlechten Zeiten sie und andere immer empfänglicher für den Einfluss negativer Umstände und Zustände macht.

Tausende sind die Opfer solcher negativer Einstellung. Sie lassen sich treiben und man kann ihnen nur dadurch helfen, dass man ihnen immer wieder ihre eigenen inneren Kräfte und die Notwendigkeit, sie einzusetzen, zum Bewusstsein bringt.

Klagen macht unsere Zeit nicht besser

Wer da glaubt, er müsse auf fremde Hilfe, auf bessere Verhältnisse und günstigere Gelegenheiten warten, vertrödelt seine beste Zeit.

Wer auf Konjunktur und die Hilfe des Staates wartet, verpasst seine besten Möglichkeiten.

Wer bedauernd und klagend seine Hände in den Schoss legt und ständig auf die Ursachen seiner Missgeschicke deutet, lässt seine eigenen Kräfte und Quellen verkümmern und versiegen.

Wir müssen uns klar darüber werden, dass wir gerade in schwierigen Zeiten nur dann die Verhältnisse meistern, wenn wir uns auf unsere eigenen innern Kräfte besinnen und verlassen.

Trotz schlechten Zeiten und Verhältnissen bestimmen wir unsere Geschicke selbst.

Ruhig weiterarbeiten, weiterbauen

Ein jeder danke für die Gunst des Schicksals, wenn es ihm harte Kämpfe nicht ersparte, wenn es ihm Hindernisse in den Weg legte, um daran sich üben zu lernen.

Ruhig weiterarbeiten, weiterbauen

Es gibt Menschen, die ständig sich in Unruhe, Sorgen und Hetze befinden und solche die — ewig wartend — in das « Unabänderliche » sich schicken.

Die ersten gehen am Wesentlichen vorbei, die zweiten verpassen stets den Anschluss an das Naheliegende, an die befreiende Tat.

Statt entschlossenem Handeln zur rechten Zeit werden Wunschbilder wach, wird Hilfe von aussen, statt von innen gesucht.

Die Selbstverantwortung wird abgewälzt, die Welt, die Verhältnisse, die Zeiten sind schuld.

Man lässt sich gehen, gerät in negativen Fatalismus, ja selbst in Stumpfheit und Blindheit den besten Möglichkeiten gegenüber.

Man gibt es auf zu kämpfen ; Mut und Selbstvertrauen schwinden.

Wie soll es denn so auf einmal besser gehen ?

Ruhig weiterarbeiten, weiterbauen

Wo das Selbstvertrauen mangelt, da ist die Energie geschwächt, der Durchsetzungswille stark gehemmt und die Kraft zur Tat durch das drückende Gefühl der Unzulänglichkeit gelähmt.

Dem Mutlosen misslingt, was dem Mutigen gelingt.

Um so notwendiger ist die tägliche entschlossene Selbstbesinnung und Sebstermutigung.

Mehr denn je gilt es, nicht aufzugeben, sondern alle Kräfte zu entfalten, sich «trotzdem» durchzusetzen.

Ruhig weiterarbeiten, weiterbauen

Wer nicht mit Zuversicht und Hoffnung in die Zukunft blickt, dem fehlen schon die ersten Grundlagen, um vorwärts und aufwärts zu kommen.

*

Die richtige, positive Einstellung zur eigenen Arbeit und zur Umgebung bringt erst den wirklichen Erfolg.

*

Auf allen Gebieten lässt sich stets von neuem feststellen, dass derjenige, der sucht und kämpft, immer wieder neue Möglichkeiten erschliessen wird.

*

Immer dann, wenn das Schicksal etwas von uns fordert, liegt es auch in seiner Absicht, uns zu fördern.

*

Viele Menschen bauen nur aussen. Sie vergessen, auch am Innern zu bauen.

*

Innen muss noch mehr sein als aussen.

Ruhig weiterarbeiten, weiterbauen

Die Natur zeigt uns Jahr um Jahr, Tag um Tag die Unerschöpflichkeit der Kräfte, die sie speist und erhält.

Auch dem Menschen stehen Kräfte zur Verfügung, die er nur zu kennen und zu nutzen braucht.

In jedem Menschen steckt mehr Kraft, als er willens ist einzusetzen.

Es gibt mehr Menschen mit verkrampften Kräften, als Menschen, die sie nur zur knappen Hälfte richtig einzusetzen wissen.

Kraft wird immer im Handeln geprüft.

So wie Feuer Eisen härtet und erprobt, so prüft wagendes Handeln unsere Kraft.

Kraft, die sich immer dann verflüchtigt, wenn es schwierig wird, ist keine wahre Kraft.

Wirkliche Kraft erkennen wir daran, dass sie sich stets vervielfacht, wenn sie auf Hindernisse und Schwierigkeiten stösst.

Immer dann, wenn wir anfangen lau zu werden, dann werden wir anfangen, es schlecht zu haben.

Wer Sieg haben will, muss Kräfte einsetzen wollen und können.

Wie sich Ideen finden und entwickeln lassen

Mit offenem Sinn im Leben stehen

Das Geheimnis des Lebenserfolges besteht darin, bereit zu sein für die Möglichkeiten, wenn sie an uns kommen.

Mit offenem Sinn im Leben stehen

Es gibt Farbenblinde, Tatsachenblinde und Gedankenblinde.

Ob wir in einem guten Buche, in einem Artikel oder im täglichen Leben und Geschehen sehen und lesen: immer kommt es darauf an, ob wir mitzudenken verstehen, ob wir das für uns Wichtigste herauszulesen wissen.

Alles, was wir sehen, beobachten und erfahren, kann uns Fingerzeige geben, kann Wegweiser sein für die Lenkung unserer Gedanken und Einsichten.

Voraussetzung ist immer, dass wir sehen und erfassen können, was für unsere Zwecke dienlich ist.

Wir erleben und erfassen aber nur dann die für uns wertvollen Eingebungen, wenn wir die erforderlichen Einsichten und Erkenntnismöglichkeiten in uns selber haben.

Damit erst sind wir auch zugänglich für alles, was uns nicht nur in beruflicher, sondern auch in menschlicher Hinsicht fördern kann.

Mit offenem Sinn im Leben stehen

Wirkliche Blindheit ist ein furchtbarer Zustand. Aber es scheint für die Entwicklung eines jeden Menschen noch furchtbarer, tatsachen- und gedankenblind zu sein.

Diese Blindheit ist für mehr Übel dieser Welt verantwortlich, als es jemals wirkliche Blindheit hätte sein können.

Nicht der Mann, der die meisten Möglichkeiten hat, ist erfolgreich, sondern der, der sie sieht und mit seinen Absichten und Zielen in Einklang zu bringen und auszuwerten weiss.

Möglichkeiten sind immer da, aber nur der Sehende wird sie gewahr.

Möglichkeiten sehen und Möglichkeiten schaffen

In jedem Menschen, in jedem Arbeitsfeld steckt das schon drin, was werden soll, man muss es nur hervorholen.

Möglichkeiten sehen und Möglichkeiten schaffen

Es gibt Leute, die in jedem Garten, den sie betreten, zuerst das Unkraut sehen, nicht aber die Blumen, die darin wachsen.

Es gibt Leute, die in ihrem Arbeitsfeld immer nur die Schwierigkeiten sehen, nicht aber die Möglichkeiten.

Natürlich übersehen wir nicht, dass die Aufgaben, die jedem Einzelnen gestellt werden, nicht gering sind. Es ist heute tatsächlich nicht leicht, sich frei zu halten für die wesentlichen Dinge. Die Gefahr ist gross, unter lauter kleinen Beschäftigungen in Routinearbeit zu geraten und dann die Einsicht und Weitsicht für die Möglichkeiten zu verlieren.

Eine der wichtigsten Aufgaben eines jeden bleibt aber immer die, über alle Tagesarbeit hinaus Möglichkeiten zu erkennen und zu entwickeln.

Das Leben muss ihm eine Umwelt voller Möglichkeiten sein.

Bejahend muss er darin stehen.

Möglichkeiten sehen und Möglichkeiten schaffen

Nur aus der Bejahung wird der Schaffende Aufbauendes und Positives fertigbringen.

Er muss positiv und aktiv zugleich sein. Seine eigene geistige Einstellung bestimmt seine Erfolgsmöglichkeiten.

Möglichkeiten fehlen nie; die meisten haben nur verlernt, sie zu sehen.

Möglichkeiten sehen und Möglichkeiten schaffen

Wieviele Ideen ein Mensch erfasst und aufnimmt, hängt nicht im geringsten von der Fülle der Ideen ab, die ihn umgeben.

Wenn er kurzsichtig ist oder die Idee mitsamt der fertigen Lösung seiner Schwierigkeiten ohne eigenes Hinzutun erwartet, dann wird er auch an den besten Ideen und Möglichkeiten vorbeisehen.

In dieser Lage befinden sich viele. Dutzende von Ideen und Anregungen sind griffbereit und tauchen täglich vor ihnen auf. Die besten Gedanken werden ihnen serviert. Sie sollten, sie müssten sie sehen.

Sie sehen sie nicht; sie haben entweder nie sehen gelernt oder dann das Sehen verlernt.

Niemand wird eine Idee als solche erkennen und begreifen, wenn sie sein Erkenntnisvermögen übersteigt.

Niemand wird einen Weg aus Schwierigkeiten finden, wenn er die naheliegendsten Pflichten nicht erfüllt, wenn er die naheliegendsten Möglichkeiten nicht sieht.

Möglichkeiten sehen und Möglichkeiten schaffen

Lernen wir durch richtiges Sehen und Beobachten in den tausend Dingen, die wir täglich sehen, hören und erleben, den Stoff für Anregungen und Einfälle zu entdecken und zu würdigen. Dann erkennen wir, dass eine reiche Fülle brauchbarer Gedanken um uns herum darauf wartet, erfasst und in Zusammenhang mit unsern Aufgaben und Zielen gesetzt zu werden.

Aber wir können nur dann wirklich wahrnehmen und die Brauchbarkeit des Gesehenen erkennen, wenn wir für Eindrücke offen sind, wenn die richtige Bereitschaft da ist.

Gehen wir zeitweise in die Stille und vergessen wir zu keiner Jahreszeit die Verbindung mit der Natur.

So sammeln und erhalten wir neue Kräfte und mit diesen die Gewissheit, was wir zu tun haben.

Wie sich Ideen finden und entwickeln lassen

Der Grund, weshalb sehr viele Leute Gelegenheiten nicht wahrnehmen, ist der, weil diese Gelegenheiten, wenn sie sich zeigen, so aussehen, als ob sie harte Arbeit und vollen Einsatz forderten.

Wie sich Ideen finden und entwickeln lassen

Meistens kommen gute Ideen nicht unverdient. Für alles muss der entsprechende Preis bezahlt werden, so auch für die Idee. Ganz bestimmt werden wir dann leichter Ideen finden, wenn wir eine klare Vorstellung haben, in welcher Richtung wir überhaupt suchen sollen. Mit unbestimmten Wünschen und Vorstellungen lassen sich selten gute Ideen finden.

Je klarer unsere Ziele, je besser wir uns Rechenschaft darüber geben, was uns fehlt und was wir wollen, desto sicherer werden wir die Ideenquellen nutzen können und um so rascher werden wir die Brauchbarkeit einer Idee, wenn sie an uns kommt, erkennen können.

Schon die schriftliche Fixierung unserer Pläne und Ziele kann uns den Ideen, die wir brauchen, näherbringen.

Ideen finden übrigens in der Regel nur lernfähige Menschen, die sich für die ständige Aufnahme von Neuem offen zu halten wissen. Wer schon alles weiss, und wer sich schon zu klug vorkommt, findet nicht nur keine Ideen, sondern verschmäht auch die besten ihm dargebotenen.

Deshalb hat die Aufnahme neuer Ideen Ähnlichkeit mit der Aufnahme neuen Wissens und neuer Erfahrungen. Wissen und Erfahrungen haben nur dann einen Wert für uns und können uns nur dann dienen, wenn sie durch die verschiedenen Phasen der Aufnahme gegangen sind.

Wenn wir Erfahrungen, Beobachtungen, neue Gedanken durch die entsprechenden Phasen zu leiten verstehen, dann werden sie entweder zur rechten Zeit ausscheiden oder uns ein Maximum an Nutzeffekt bringen.

Ideen suchen und Ideen haben ist nicht allein Stimmungssache, wie so viele denken, sondern Arbeit, ehrliche, zähe, planvolle und sogar methodische Zielarbeit.

Wer brauchbare Ideen finden will, muss konstruktiv beobachten, sehen, lesen und aufnehmen können. Je mehr sich einer darin übt, desto zahlreicher werden ihm aus der täglichen Beobachtung und der Lektüre die Ideen zufliegen.

Immer aber ist ein bestimmtes Mass an Vorarbeit und eine dem Neuen, der Idee gewissermassen parallelgerichtete Haltung erforderlich.

Wie sich Ideen finden und entwickeln lassen

Um eine Idee, um viele Ideen zu finden, bedarf es vor allem der Fähigkeit, sich Einfällen und Ideen offen zu halten.

Diese Ideen müssen uns auch durch richtiges Erfassen so in Bereitschaft und Aktivität gebracht haben, dass wir darauf auf jeden Fall reagieren.

Ohne Reaktion geschieht natürlich nichts. Es kommt somit zuletzt nicht darauf an, dass wir Ideen haben, sondern dass und wie wir darauf reagieren.

Zunächst kommt es also auf unsere Bereitschaft an, Ideen als solche zu erkennen. Bereit zur Aufnahme von Ideen ist aber nur der, welcher sich positiv und bewusst vorbereitet.

Die Aufnahmebereitschaft für Ideen verlangt geistige und seelische Frische, richtige bejahende Stimmungslage, Beobachtungsgabe, rasches Erfassen des Wesentlichen.

Wenn jemand erklärt, er hätte keine Ideen, dann liegt es an ihm selbst und nicht daran, dass keine Ideen greifbar waren, denn Anregungen für Ideen liegen immer in unserer Nähe.

Wie sich Ideen finden und entwickeln lassen

Es sind gewiss unzählige Äpfel von den Bäumen gefallen, ehe einer Newton den Einfall gab, der ihm zur Erkenntnis des Gravitationsgesetzes verhalf.

Wir erleben und erfassen nur dann eine Idee, wenn wir bestimmte Einsichten und Erkenntnismöglichkeiten in uns selber haben.

Damit erst sind wir auch zugänglich für die Gedanken und Ideen, die uns nicht nur in beruflicher, sondern auch in menschlicher Hinsicht fördern können.

Ideen haben ist nun aber noch nicht alles. Sie müssen auch ausgeführt werden.

Es hat sich in der Geschichte der Erfindungen und Ideen Tausende von Malen ereignet, dass zwei, drei und mehr gleiche oder ähnliche Ideen hatten. Aber nur einer davon hat sie in die Tat umgesetzt.

Das trifft oft gerade bei den einfachen, naheliegenden Dingen zu. Die beiden nachfolgenden Beispiele aus dem gleichen Gebiet sollen das belegen.

Wie sich Ideen finden und entwickeln lassen

Ein Ratsherr in Erfurt war Liebhaber der Brunnenkresse als Salat und kam auf die Idee, Erfurter Gärtner zur gewerbsmässigen Zucht der Brunnenkresse zu veranlassen. Das war im 18. Jahrhundert.

Tausende haben sicher in Erfurt und anderswo die Brunnenkresse gegessen, aber nur einer sah die Idee.

Bis zum Ausbruch des Ersten Weltkrieges lieferte Erfurt eine jährliche Ernte von rund 1200 Zentner Brunnenkresse dem Weltmarkt, als gern gekaufter, schmackhafter und heilkräftiger Wintersalat.

Die englischen Blumenzuchtgebiete in Cornwall verdanken die Verlängerung ihrer Verkaufssaison von drei auf sechs Monate des Jahres dem kaufmännischen Leiter einer der 1000 dort ansässigen Blumenzuchtfirmen.

Vor einigen Jahren machte dieser Geschäftsleiter eine Ferienreise nach Südfrankreich und sah dort die in den Wintermonaten im Überfluss blühenden Riesenanemonen. Tausende von Geschäftsleuten hatten sie sicher von Jahr zu Jahr gesehen, aber sie sahen nur die Blumen. Dieser aufgeweckte junge Mann sah sich wohl genau auch diese an, aber er sah doch mehr als die Blüten.

Wie sich Ideen finden und entwickeln lassen

Im Geiste erfasste er die Möglichkeiten, die sich eröffneten, wenn diese Anemonen in England gezüchtet werden könnten. Sie waren schön, sie hielten lange an und waren populär.

Er nahm einige Samen mit nach Hause, experimentierte damit und, wie er erwartet hatte, entwickelten sich die Blumen im warmen und milden Klima von Cornwall prächtig und ergaben so einen neuen Geschäftszweig für die Blumenzüchter, der sich aber bald vom Nebenartikel zu einem Schlager entwickelte, der Verkaufsrekorde brachte.

In den vergangenen wenigen Jahren der Anemonenkultivierung erhöhte sich der Umsatz um mehr als das Achtfache. In Zehn- und Hunderttausenden von Exemplaren wurden diese Blumen überallhin verschickt.

Eine Tageslieferung von über 600 000 Pflanzen ging zum Beispiel allein an einen grossen botanischen Garten.

Auch dieses aus dem Nichts gewachsene Geschäft ist nur deshalb gross geworden, weil ein leitender Kopf an einem für andere ganz gewöhnlichen Tage Sinn und Geist offen hielt.

Wie sich Ideen finden und entwickeln lassen

Ideen können tatsächlich ausschlaggebend sein für den Aufstieg oder den Abstieg eines Unternehmens, für ein gewinnreiches oder verlustreiches Jahr. Um so notwendiger ist es, dass wir jeden Stein, jedes Blatt umdrehen, dass wir keine einzige Informationsquelle unbenutzt lassen, die uns den Stoff und die Anregungen für unsere eigenen Ideen bringen kann.

Gute Ideen kommen nicht aus dem Nichts, sie schälen sich meist aus andern gegebenen Ideen heraus.

Nirgends so wie im Berufsleben lassen sich die Probleme nicht einfach durch Regeln oder genau kopierbare Anleitungen lösen.

Um Ideen zu haben, ist als erste Bedingung erforderlich, Ideen überhaupt aufnehmen zu können.

Wie lassen sich nun eigene Ideen durch Anregungen von aussen und aus Ideen anderer entwickeln?

Zunächst werden Ideen immer dann leichter zufliessen, wenn es gelungen ist, sich eine produktive Arbeitsweise zu eigen zu machen und wenn auf Grund einer individuell angepassten Arbeitstechnik die notwendige Bereitschaft dazu da ist.

Wenn der von der Arbeit und den Verhältnissen bedrängte Mensch von Arbeitstechnik hört, dann vermutet er nicht selten darunter eine neue Erfindung, die dazu dienen könnte, ihn noch mehr zum Arbeitssklaven, zum geplagten und gehetzten Menschen zu machen, als er es schon ist.

Es mag sein, dass es schlecht verstandene Arbeitsmethoden gibt, die sich in diesem Sinne auswirken könnten. Es ist aber ohne weiteres einleuchtend, dass jede Arbeitstechnik, die dazu führt, von vornherein grundfalsch ist.

Jede wertvolle und wirklich brauchbare Arbeitstechnik soll dazu dienen, aus einem krampfenden und darum schwer arbeitenden Menschen einen mit grösserer Leichtigkeit schaffenden zu machen.

Der Mensch spricht nicht umsonst von «krampfen», wenn er «schwer» arbeitet. Krampf ist immer mit einem viel zu grossen Kraft- und Nervenaufwand aus sich herausgeschundene Arbeit.

Wie sich Ideen finden und entwickeln lassen

Des Menschen Tun ist darum heute vielfach zum «Krampf» geworden, weil er infolge einer falschen Arbeitseinstellung und Arbeitstechnik ungelöste, verkrampfte Arbeit leistet.

Es ist nicht eigentlich die Arbeit an sich, die des Menschen Kraft und Nerven übermässig beanspruchen und schliesslich aufbrauchen, sondern sein ständiges Zuwiderhandeln gegen die besten und einfachsten Regeln kluger Arbeitsgestaltung.

Mancher ist sich gar nicht bewusst, in welcher Weise seine Art zu arbeiten seine Leistungsfähigkeit willkürlich reduziert, und dass er damit Raubbau an den eigenen Kräfte- und Gesundheitsreserven treibt.

Wie soll man nun arbeiten?
Ist die Leistung eine Frage der Technik?
Was ist überhaupt Arbeitstechnik?

Der Begriff Arbeitstechnik umschreibt eigentlich nur unvollständig das, was darunter zu verstehen ist. Richtig verstandene Arbeitstechnik verlangt vom Einzelnen nicht einfach die Anwendung irgendeiner Technik des Arbeitens. Sie erfasst alle Faktoren, die zur Verbesserung der Arbeitsleistung, zur Schaffung grösserer Übersicht und damit zu rascheren und grösseren Arbeitserfolgen führen.

Die richtige Arbeitstechnik schliesst nicht nur die Faktoren ein, die zur methodischen Ausführung der Arbeit selbst gehören, sie hat auch die Disposition zur Arbeit zu beeinflussen, Hemmungen hinwegzuräumen und alle Voraussetzungen zu erfüllen, die den reibungslosen Arbeitseinsatz gewährleisten.

Ein Maximum an Leistung erreichen wir bei physischer und psychischer Ausgeglichenheit unter gleichzeitiger Anwendung der bestangepassten Arbeitsmethode.

Jede persönliche Planung sollte somit vorsehen, wie jeder Einsatzfaktor am wirksamsten eingesetzt und zur Bestleistung gebracht werden kann.

Bei geistiger Arbeit setzen wir folgende sieben Hauptfaktoren ein:

1. Unser physisches Vermögen.

   Zweifellos ist der körperliche Einsatz im Rahmen unserer Arbeitsleistung von nicht geringer Bedeutung. Die Leistungsfähigkeit unseres Geistes hängt in starkem Masse von der Beschaffenheit unseres Blutes, der Tätigkeit unseres Stoffwechsels, dem Zustand unserer Nerven und der Gesamtkonstitution ab.

Wie sich Ideen finden und entwickeln lassen

Wer ein Maximum an Leistungsfähigkeit erreichen will, darf sich nicht über die eigenen biologischen Gesetzmässigkeiten des Körperhaushaltes hinwegsetzen. Die Natur lässt sich nicht überlisten.

Wie arbeite ich leichter und ohne Ermüdung?
Wie lassen sich gewisse Verkrampfungen lösen?
Wie stärke ich mich durch Ruhe, Schlaf, richtiges Atmen, Ernährung, Körperübung und -pflege?

Das wären schon einige der ersten Fragen, die der methodisch Arbeitende sich zu stellen hat.

2. Intelligenz-, Denk- und Konzentrationsfähigkeit.

Man ist rasch geneigt, die Intelligenz- und Denkfähigkeit als einen unveränderbaren Faktor zu betrachten. Es gibt aber Beweise genug dafür, dass ungeübte Intelligenz, auch dann, wenn sie gepaart ist mit ausgezeichnetem Talent, sehr oft gerade darum versagt, weil sie unmethodisch eingesetzt wird, während ein durchschnittlich Intelligenter nicht selten durch den zielbewussten Einsatz seiner geistigen Fähigkeiten überragende Leistungen erzielt.

Es besteht nicht nur die Möglichkeit, die Mithilfe des Gedächtnisses steigern zu können, sondern auch die produktive Denkfähigkeit in hohem Masse zu fördern.

Auch der durchschnittlich Intelligente kann sich die Methoden des analytischen Denkens, die Technik der Fragestellung bei der Lösung wichtiger Denkprobleme und eine besondere Konzentrationsfähigkeit aneignen.

Selbstverständlich wird der Mensch von überdurchschnittlicher Intelligenz in entsprechend grösserem Masse von der arbeitstechnischen Erweckung und Schulung der geistigen Fähigkeiten profitieren.

3. Fähigkeiten.

Fähigkeiten sind nicht zu verwechseln mit Kenntnissen.

Es handelt sich nicht um eingeborene Anlagen und Talente, die den Menschen von vornherein für bestimmte Arbeiten und Leistungen prädestinieren. Gerade Talente bedürfen nun aber der systematischen Pflege und Übung. Auch die besten Anlagen und Fähigkeiten bleiben latent, wenn sie nicht zur Stärkung und Auswirkung hervorgeholt werden.

Wie sich Ideen finden und entwickeln lassen

Mancher Mensch mit verhältnismässig bescheidenen Talenten hat es durch Fleiss und methodischen Einsatz seiner Stärken verhältnismässig weit gebracht. Wir wissen anderseits aus der Geschichte, dass die Geistesriesen aller Zeiten nur durch unermüdliches Training und Arbeit an sich selber das Beste in sich entwickelt haben.

Die Beherrschung einer brauchbaren Arbeitstechnik soll den, der sie anwendet, instandsetzen, ein Maximum zur Förderung und Entwicklung der eigenen Fähigkeiten und Stärken beizutragen. Fehlende Fähigkeiten lassen sich methodisch kompensieren und dadurch ausgleichen.

4. Kenntnisse.

Eine gute Arbeitsmethode befähigt zur zeitsparenden und ökonomischen Aneignung der für die eigene Arbeit erforderlichen Kenntnisse. Sie lehrt, dass Bildung nicht Aufstapelung von Wissen bedeutet, sondern darin bestehen soll, den Menschen zum Denken, zum Selbstdenken zu erziehen.

Die Sammlung von Kenntnissen dient dem methodisch Arbeitenden zur persönlichen Förderung und Entwicklung und somit zur Steigerung der geistigen Spannkraft. In diesem Sinne wird ihm die Aneignung neuer Kenntnisse zur anregenden und lustbetonten Tätigkeit. Er weiss, dass nichts ohne Arbeit und Mühe kommt und er benützt erworbene Kenntnisse zielsicher und bewusst zur rascheren Verwirklichung seiner Ziele.

Bei der Aneignung von neuem Wissensstoff dienen ihm die Kenntnisse der Anlerntechnik, der Kunst des Stoff- und Informationensammelns, der Ideengewinnung usw.

5. Psychisches Vermögen.

Der Mensch vergisst nur zu oft, wie sehr seine Produktivität durch sein seelisches Vermögen ausserhalb des Denkapparates positiv oder negativ beeinflusst wird.

Wille und Gefühl allein schon können als Faktoren der seelischen Sphäre dem schönsten Denkgebäude und den besten Absichten einen Streich spielen, wenn ihre Aufgaben und Grenzen ungenügend bekannt oder beherrscht werden.

Wie sich Ideen finden und entwickeln lassen

Eine zu willensbetonte Arbeitsmethode kann zu Verkrampfung und schliesslich zur Unproduktivität führen. Ungeordnete und unbeherrschte Gefühle begünstigen innere Unruhe, verdunkeln das klare Denken und lähmen die Einsichts- und Entschlussfähigkeit.

Die Wirkung unserer seelischen Haltung zeigt sich auch in unserer Fähigkeit oder Unfähigkeit, täglich unsere Stimmungslage auszubalancieren.

Der Mensch ist in dem Masse produktiv, als es ihm gelingt, sich täglich bejahend zu stimmen. Nur der Mensch, der sowohl zu seiner Arbeit, seinen Problemen und den Verhältnissen trotz Schwierigkeiten positiv eingestellt ist, kann ein Höchstmass an Arbeitsleistung ohne innere Reibung und übermässige Beanspruchung der verfügbaren Kraft zustandebringen.

Ein Dichter sagt mit Recht: «Der moderne Mensch läuft zu leicht ‚heiss', ihm fehlt zu sehr das Öl der Liebe.»

6. Die Intuition, das Schöpferische.

Manche die Willens- und Verstandesarbeit überschätzende Arbeitssysteme haben von jeher wenig Verständnis für diese Seite der menschlichen Geistesarbeit gezeigt, und zwar deshalb, weil sowohl dem Begriff Intuition wie dem des Schöpferischen nicht mit theoretischem und auch nicht mit rationalem Denken beizukommen ist.

Scheinbar rein materialistisch denkende Naturwissenschafter haben aber der Intuition die ihr gebührende Bedeutung beigemessen. Einer ihrer bedeutendsten Vertreter spricht von der Intuition als einer Art geistigen Schauens, einer Art inneren Lichts, das sich unwiderstehlich dem sich zuwendenden Auge aufdrängt. Zwei Sätze sind besonders bezeichnend: Auf Erfahrung ist all unsere Kenntnis begründet und letzten Endes stammt sie daraus her. ... Auf Intuition beruht alle Gewissheit und Evidenz in unserer ganzen, gesamten Erkenntnis.

Eine der vornehmsten Aufgaben einer guten Arbeitstechnik besteht darin, sich auch die Intuition dienstbar zu machen und die geeigneten Wege zu weisen, dem Schöpferischen im Menschen zum Durchbruch zu verhelfen.

7. Arbeitstechnik.

Ihre Aufgabe besteht nun darin, alle verfügbaren geistigen und materiellen Mittel und alle Einsatzfaktoren, die wir durch eine gründliche Inventur der Stärken und Schwächen festgestellt haben, methodisch und zeitlich richtig einzusetzen.

Wie sich Ideen finden und entwickeln lassen

Auf der Suche nach neuen Ideen können Ihnen die folgenden sieben Ratschläge dienen:

1. Wir müssen unser Ziel genau bestimmen.

Eine klare Vorstellung von dem, was wir erreichen wollen, ist vor allem notwendig. Ob es sich um ein persönliches oder berufliches Ziel handelt, immer wird es notwendig sein, dem Problem dadurch näher zu kommen, dass wir gleich von Anfang an vom vagen Wunsch nach einer Idee auf die näheren Umstände vordringen.

Die Lösung unserer Probleme wird um so leichter, je präziser wir unsere Aufgabe stellen.

2. Wir müssen versuchen, in möglichst einfachen Begriffen zu denken.

Das ist leicht gesagt, aber schwer getan. Wir brauchen nur einmal die Förderung zu stellen, in klaren, bestimmten und einfachen Worten zu sprechen.

Erfolgreiche Menschen haben gelernt, Wesentliches vom Unwesentlichen zu unterscheiden und ein Problem dadurch in seinen Grundgedanken zu erfassen.

Wie sich Ideen finden und entwickeln lassen

Es sollte möglich sein, auch das komplizierteste Problem auf einfache Grundbegriffe zu bringen. Wenn das nicht der Fall ist, dann fehlen uns noch bestimmte Tatsachen, die wir erst noch beschaffen müssen.

Beobachten wir einmal Kinder bei ihren Denk-Überlegungen. Mit einer einfachen Frage stossen sie aufs Ganze vor: «Weshalb fährt ein Wagen, wenn die Räder rundum gehen? Weshalb kann der Fisch schwimmen? Warum ist die Kohle schwarz?»

Wenn wir verlernt haben, in einfachen Begriffen zu denken, dann müssen wir uns wieder darin üben.

3. Wir müssen uns auf intelligente Art unwissend stellen.

Dies bedeutet, dass wir an ein Problem nicht mit vorgefassten Meinungen herantreten dürfen, denn das, was wir tatsächlich feststellen wollen, darf nicht in Meinungen bestehen, denn Meinungen sind keine Tatsachen.

Wie sich Ideen finden und entwickeln lassen

Natürlich kann ein jeder Dummkopf Fragen stellen. Auf intelligente Art unwissend sein, hat mit blossem Fragen nichts zu tun. Intelligentes Fragen soll uns dazu führen, den eigenen Problemen näher auf den Leib zu rücken.

4. Wir müssen unsere Fähigkeit fördern, Möglichkeiten dort zu sehen, wo andere sie nicht suchen.

Ideenarmut finden wir meist dann, wenn die Fähigkeit des Findens, Sehens und Übertragens auf die eigenen Aufgaben getrübt ist. Hier gilt es, besonders hemmende Vorurteile abzulegen und uns für Neues aufnahmebereit zu halten.

5. Wir müssen unsere Vorstellungsgabe und unsere Phantasie gebrauchen, aber sie doch kontrollieren und disziplinieren.

Sobald unser Ziel festliegt, sobald wir fragend überlegen, beginnt die Phantasie zu arbeiten. Hier gilt es nun, dazu Sorge zu tragen, dass wir nicht zu weit abschweifen, sondern auf die einfachen Begriffe zurückkommen.

Es ist nicht unbedingt notwendig, dass der Weg ganz neu sei, auf dem wir ans Ziel kommen wollen. Eigentlich ist nichts neu auf dieser Welt. Alles Neue ist hergeleitet aus bereits Bestehendem. Erlauben wir darum unserer Phantasie nicht, zu weit zu schweifen, sondern zwingen wir sie, beim Naheliegenden zu bleiben.

Nun haben wir aber immer noch nicht die Idee, die aus den Tatsachen und aus der Realität heraus sich entwickeln sollte. Wo finden wir den Schlüssel zur verschlossenen Türe?

6. Wir müssen nicht grübeln, sondern denken, und sogar unser Denken rechtzeitig abstellen können.

Zu gewissen Zeiten müssen wir die Probleme, die uns beschäftigen, vollständig vergessen können. Es ist zwecklos, eine Idee mit höchster Tourenzahl des Gehirns finden zu wollen.

Es gibt ein Sprichwort: «Der Baum, den wir pflanzen, wächst, währenddem wir schlafen.» Dasselbe gilt von einer Idee, deren Samenkorn wir in unsern Geist aufgenommen haben.

Wie sich Ideen finden und entwickeln lassen

Stimulieren wir unsern Geist durch die besten Informationsquellen, die uns zur Verfügung stehen, denken wir über die gefundenen Anregungen intensiv nach und schalten wir dann um auf anderes: Lachen, Spielen, Sporttreiben, Gartenfreuden, Freude an Kindern, an der Sonne liegen, Faulenzen.

Vergessen wir unsere Probleme vollständig! Und wenn wir dann am wenigsten an die neue Idee denken, dann wird sie uns zugeflogen kommen.

Mancher vergisst, dass wir schliesslich nicht mit dem Pult arbeiten, sondern mit dem Geist.

7. Die Mitarbeit des Unterbewusstseins gewinnen.

Schon der 6. Leitsatz dieses kurzen Leitfadens für die Ideensuche führt uns zu den Leistungen des Unterbewusstseins.

Schöpferische Menschen kennen in bewusster oder nicht bewusster Anwendung längst die Mitarbeit des Unterbewusstseins bei der Ideensuche und bei der Lösung schwierigster Probleme.

Das Unterbewusstsein hat positive und negative Wirkungsmöglichkeiten, und die Psychologie hat sich bisher viel zu wenig mit den positiven befasst.

Das Unterbewusstsein ist nicht nur ein Herd dunkler Triebe, sondern auch das unbekannte «Es», das unser Denken befruchtet, uns die Lösungen auf viele unserer Fragen zuwirft und uns zu wichtigen Entscheidungen führt.

Wir können in die Stille gehen, uns schlafen legen, irgend einer Freizeitbeschäftigung nachgehen, und das Unterbewusstsein wird uns die Frage, die wir ihm zur Lösung aufgegeben haben, mühelos beantworten.

Natürlich müssen wir dem Unterbewusstsein unsere Probleme in der Form konzentrierter Aufgaben überlassen. Zu jeder Frage müssen zuerst die wichtigsten Erwägungen und Tatsachen bewusst zusammengestellt werden. Unser Bewusstsein muss sich vorher intensiv mit allem, was uns über das zu lösende Problem bekannt ist, befasst haben. Dann aber dürfen wir alles Weitere unserem schöpferischen Helfer, dem Unterbewusstsein überlassen.

Wie sich Ideen finden und entwickeln lassen

Machen Sie diese sieben Schritte bei jeder Ideensuche und Sie werden Ideen finden.

Vor allem ist es aber wichtig, den Dingen auf den Grund zu gehen und in einfachen Begriffen zu denken.

Die Tatsachen, die Sie herausfinden, geben Ihnen die Basis für Ihr aufbauendes Denken. Die Disziplinierung der Phantasie kann derart entwickelt werden, dass sie zum natürlichen, brauchbaren Denken wird. Ideen kommen dadurch leichter, und es sind Ideen, die sich auf Ihre eigenen Probleme, auf Ihren eigenen Beruf anwenden lassen.

Für manche sind Ideen nichts als Eingebungen glücklicher Augenblicke, aber fast jede Inspiration, die diesen Namen verdient, ist das Resultat ausreichender Anregung durch die Beschäftigung mit den grundlegenden Problemen.

Es ist erwiesen, dass einige der besten und erfolgreichsten Ideen ganz ausserhalb des eigenen Wirkungskreises ihren Ursprung haben.

*Die besten Ideen
findet man oft ausserhalb des eigenen Fachgebietes*

Die besten Ideen werden oft nicht von Fachleuten des betreffenden Gebietes gefunden und verwertet, sondern von Aussenseitern, die vom Fach nichts oder wenig verstehen, und wertvolle Anregungen kommen zumeist nicht aus dem engeren Kreise der Branche, sondern aus ganz entfernten Gebieten.

So wurde zum Beispiel von acht bedeutenden Erfindungen, die der Eisenbahn zugute kamen, keine einzige von einem Bahnfachmann geschaffen.

Morse, der den Telegraphen erfand, war ein Künstler. Pullman war ein Strassenbau-Unternehmer und die Eisenbahngesellschaften sträubten sich zuerst, seine Schlafwagen in den Dienst zu nehmen. Janney, der die erste automatische Kuppelung erfand, war ein Ladenverkäufer. Das System der automatischen Blocksignale ist auf die Erfindung eines Textilfabrikanten, Thomas S. Hall, zurückzuführen.

Westinghouse war ein 23 Jahre alter Zimmermann, als er die Luftbremse erfand. Ein Arzt fand die Idee des Verbindungsbalges zwischen den einzelnen, gekuppelten Eisenbahnwagen. Der Gefrierwagen wurde zum grössten Teil durch Fleischwarenfabrikanten entwickelt. Die erste

Die besten Ideen
findet man oft ausserhalb des eigenen Fachgebietes

elektrische Lokomotive wurde von einem früheren Schullehrer entworfen.

Ein grosser Erfinder unserer Tage erklärt: «Niemand, der in seinem Gebiet alles zu kennen glaubt, und dem jedes Detail bekannt ist, macht darin wichtige Erfindungen. Er kennt zu viele Schwierigkeiten.

Nur in einem Gebiet, wo ihn mangelndes Wissen dazu führt, zu glauben, dass alles möglich sei, ist einem Menschen alles möglich.»

Deshalb bleibt der, der sich nur um die Dinge seines engen, kleinen Gebietes kümmert, der Gefangene seines engeren Gesichtskreises.

Wer Anregungen und Ideen bekommen will, der suche sie nicht nur in seinem Fachgebiet.

Um die Mitte des 18. Jahrhunderts kamen die Papiermacher der Stadt Regensburg zusammen, um sich über die Notlage auszusprechen, die ihnen durch den Mangel an Lumpen für die Papiererzeugung einerseits und durch die erhöhte Nachfrage nach Papier anderseits entstanden war. Man beschloss, sich an den Pastor Jakob Christian Schäffer um Rat zu wenden, ob man nicht Papier auch aus einem anderen Stoff herstellen könne.

Die besten Ideen
findet man oft ausserhalb des eigenen Fachgebietes

Schäffer war ein angesehener Gelehrter. Er befasste sich intensiv mit dem Gedanken, wie den Papiermachern geholfen werden könnte. Diese und jene Idee ging ihm durch den Kopf.

Da erinnerte er sich, dass der Franzose Réaumur vor kurzem ausfindig gemacht hatte, dass die Wespen ihre Nester aus Holz erbauten. Und waren Wespennester nicht wie aus Papier? Dann müssen auch die Menschen auf die gleiche Art aus Holz Papier machen können, war seine Idee.

Daraufhin wurde Schäffer nicht müde, die Wespen bei ihrer Arbeit zu beobachten, wie sie die kleinen Holzfasern auseinanderbissen, sie mit klebrigem Saft aus ihren Kiefern anfeuchteten und dann solange durcheinanderkneteten, bis ein teigartiger Brei daraus entstand.

Nach diesen Beobachtungen ging er daran, die winzige Arbeit der Insekten im grossen nachzumachen. Es gelang ihm tatsächlich, aus Säge- und Hobelspänen Papier anzufertigen, das erste Holzpapier. Er zeigte der kommenden Zeit, wie das feste Holz in breiigen Holzstoff und dieser wieder in dünnes Papier verwandelt wird.

Schäffers Idee wurde die Schwelle zu unserem papierenen Zeitalter.

*Die besten Ideen
findet man oft ausserhalb des eigenen Fachgebietes*

Der Gärtner Josef Monier, dem die Kübel und Gefässe seiner Bäume faulten, umgab sie mit einer Betonierung. Da dieser Ring immer wieder auseinanderfiel, kam ihm der Gedanke, ein Drahtgeflecht in die Betonschicht zu drücken, und siehe da, der Beton hielt ausgezeichnet, und damit war der Eisenbeton erfunden, ohne den wir uns heute die schwierigen Hoch- und Tiefbauten nicht mehr denken können.

Im Jahre 1904 fiel dem französischen Wissenschafter Benedictus eine Flasche vom Gestell seines Laboratoriums. Nach der üblichen Erfahrung hätte sie in Stücke zerschellen müssen. Erstaunlicherweise wies die Flasche aber nur eine Menge Risse auf, behielt dabei aber ihre Form, ohne nur einen Splitter verloren zu haben.

Benedictus erinnerte sich, dass er darin Kollodium als Lösung aufbewahrt hatte. Der Inhalt hatte sich aber verflüchtigt und dabei eine feine Haut von Zellulose-Nitrat an den Wänden der Flasche zurückgelassen.

Einige wenige Tage später las er in einer Zeitung von einem Automobilunfall, bei dem eine junge Frau durch fliegende Glassplitter schwer verletzt wurde.

*Die besten Ideen
findet man oft ausserhalb des eigenen Fachgebietes*

Die zwei Vorkommnisse verbanden sich so in Benedictus' Geist, und das splitterfreie Glas war das Ergebnis weiterer Versuche.

Ein Mann namens Sachs, der mit der Fahrradfabrikation nicht die geringste Verbindung hatte, fuhr auf seinem Fahrrad, an dem sich damals noch die Pedale mitdrehten, bergabwärts. Durch das nicht aufzuhaltende Drehen der Pedale stürzte er vom Rad.

Einige Zeit später löste dieser Sturz in seinem Unterbewusstsein die Idee aus zur Schaffung des Freilaufes und der Rücktrittbremse. Diese Idee hat das Fahrrad eigentlich erst zu dem gemacht, was es heute ist, nämlich zum billigsten Verkehrsmittel unserer Zeit.

Lange noch, nachdem das Fahrrad erfunden war, fuhr man damit auf nicht gefederten Holzrädern. Das war auf den schlechten Strassen jener Zeit sicher kein Vergnügen. Auch der schottische Tierarzt Dunlop hatte seinem Jungen im Jahre 1885 ein solches Fahrrad geschenkt und als der Junge eines Tages klagte, das Radfahren mache ihm Beschwerden, da hatte Dunlop den Einfall, ein Stück seines Gartenschlauches voll Luft zu blasen, diesen Schlauch zuzubinden und ihn dann in primitiver Weise um die Felgen zu legen.

Die besten Ideen
findet man oft ausserhalb des eigenen Fachgebietes

Das ging schon viel besser und weniger holprig. Auf die Äusserung eines fremden Radfahrers hin, dass er sich die Idee patentieren lassen müsse, meldete Dunlop die Eingebung zum Patent an. Bald darauf kam es zur Gründung der in der ganzen Welt bekannten Firma Dunlop.

Gewöhnen wir uns deshalb daran, durch richtiges Sehen und Beobachten in den tausend Dingen, die wir täglich sehen, hören und erleben, den Stoff für Anregungen und Einfälle zu entdecken und zu würdigen.

Nun besteht die merkwürdige Tatsache, dass viele Menschen aus lauter Überzeugung, das Bisherige sei nicht zu übertreffen, und aus unerklärlicher Resistenz gegen Neues und Besseres oft geradezu einen Kampf gegen neue Ideen führen.

Die Geschichte der besten Erfindungen bestätigt das und beweist uns, dass es gar keine leichte und dankbare Aufgabe ist, auch die besten Ideen anzubieten und anzubringen. Dies erklärt auch den Entschluss eines wohlbekannten und ideenreichen Werbeberaters. Er führt heute ein grosses, gutgehendes Restaurant und erklärt, er habe herausgefunden, dass es leichter sei, ein Stück Wurst oder ein Beefsteak in eines Menschen Kopf hineinzubringen als eine glänzende Idee.

Die besten Ideen
findet man oft ausserhalb des eigenen Fachgebietes

Wer gute Ideen hat, soll sie nicht in den Kühlschrank stellen.

Es gibt Leute, die in Fachschriften nach Ideen suchen, die bisher noch keiner angewendet hat. Sie glauben, eine gute Idee sei ein Glücksfall und nur mit Neuem, noch nie Dagewesenem könnten heute Erfolge erzielt werden.

In Wirklichkeit ist es aber so, dass es oft gar nicht darauf ankommt, das wirklich Einmalige, noch nie Dagewesene zu finden, sondern darauf, dass wir bestehende Möglichkeiten überhaupt sehen.

Leute, die ständig nach der einmaligen Idee suchen, sehen an den besten Möglichkeiten, die sich ihnen bieten, vorbei. Auch an den besten Anregungen der Fachschriften lesen sie vorbei.

Bringt dann irgend jemand etwas Neues oder sagt etwas auf neue Weise, so erklären diese Leute, dass es gar nichts Neues sei, und dass sie schon längst dasselbe gedacht oder getan hätten.

Wir glauben, dass eines der Geheimnisse vieler erfolgreicher Menschen darin besteht, Möglichkeiten zu sehen, wo andere sie nicht suchen.

Die Idee ist wertbeständiger als jede Münze

Im Berufsleben ist die beste wertbeständige Münze nicht die übliche Geldmünze aus irgendeiner Metallegierung, sondern die Idee.

Zu einem Schweizer Franken braucht es volle hundert Rappen. Eine einzige Idee aber, aus bejahender Vorstellungskraft geschöpft und erfasst, kann Tausende von Franken einbringen.

Wenn wir somit den Wert der üblichen Zahlungsmittel mit dem Wert der guten Idee vergleichen, dann wird immer der Idee der Vorzug zu geben sein.

Immer dann, wenn in der Praxis Werte sich messen, Werte abgewogen werden, dann wird der Vorteil stets bei dem Manne, stets bei dem Unternehmen sein, wo die besseren Ideen verwirklicht werden.

Ideen haben ihren Franken- und Rappenwert genau so gut wie jedes verfügbare Wertpapier. Die Idee muss nur praktisch anwendbar sein und mit Geschick und Ausdauer in die Tat umgesetzt werden.

Die Idee ist wertbeständiger als jede Münze

Es ist die Idee und nicht der Schweiss, die Menschen und Nationen vorwärtsbringt.

*

Eine einzige gute Idee ist oft besser als ein Bündel Wertpapiere oder Tausende von Franken bares Geld. Denn wenn die Idee gut und brauchbar ist, dann wird sie mehr Zinsen tragen als dieses Bündel Papiere oder diese tausend Franken ohne eine Idee.

Was wir brauchen, sind Ideen.

**Bestimmung
und
Erfolg**

Wir müssen Ziele haben, die des vollen Einsatzes wert sind

Mangel an geklärten, reinen Zielen ist das Übel unserer Zeit.

Wir müssen Ziele haben, die des vollen Einsatzes wert sind

Der Mensch, der Berufszweig und das ganze Volk, die keine grossen Ziele mehr haben, keine Idee, für die es sich zu kämpfen lohnt, müssen untergehen.

Wenn es so weit kommt, dass der Einzelne und ein Ganzes vor lauter engen, kleinen Interessen, vor lauter Angst um fette Weide und blosses leibliches Wohl die grossen Ziele verkennen und verlieren, dann ist es um sie geschehen.

Zweifelsucht ist eines der grössten Übel unserer Zeit. Millionen Menschen können an nichts mehr tief und vertrauend glauben. Auf alles projizieren sie ihren eigenen Unglauben.

Es ist nötig, dass wir wieder an unsere Ziele glauben können ohne tausend Vorbehalte.

Das will nicht heissen, dass wir glauben sollen ohne je geprüft und je erfasst zu haben. Wir müssen alle unsere Ziele auf ihren Wert zu prüfen wissen.

Was wir dann als richtig erkannt, dafür haben wir uns ganz und voll vertrauend einzusetzen, wissend, dass wir diesem Ziele dann auch täglich näher kommen.

Wir müssen Ziele haben, die des vollen Einsatzes wert sind

Ständig wieder müssen wir im Geiste das Ziel vor uns sehen, das des Kampfes und der Mühen wert ist. Es sind nicht die erstrebenswertesten Ziele, die uns so leicht in die Hände fallen.

Es lohnt sich nicht, um Ziele auszuharren und zu leben, die uns selbst die Befriedigung des Erschaffenen nicht geben.

Wir müssen Ziele haben, die des vollen Einsatzes wert sind.

Wir müssen Ziele haben, die des vollen Einsatzes wert sind

Jeder ist der eigene Baumeister seines Lebenserfolges. Wie er plant und baut, so wird sein Werk.

*

Jeder muss sich selbst sein eigenes Glück erwecken.

*

Was wir vorbereiten, das bereitet sich vor, Tatsache zu werden.

*

Der Schöpferische, Erfolgreiche wagt das zu tun, was er von innen her tun muss.

*

Das Leben ist das, was du daraus machst.

Wir müssen Ziele haben, die des vollen Einsatzes wert sind

Wer sich von den äusseren Erscheinungen nicht blenden und täuschen lässt, wer unbeirrt seinen Weg geht, der kann von den negativen Einflüssen der Umwelt und der Zeit nicht erdrückt werden.

Voraussetzung für jeden beruflichen und persönlichen Erfolg, ja für die Existenz eines ganzen Volkes, sind klar erkannte Ziele und unentwegter Einsatz dafür.

Klar erkannte Ziele darf man aber nicht durch Zweifel und Negation schwächen.

Glaube, Überzeugung sind Kräfte, die wir mehr als bisher in den Dienst unserer Lebens- und Berufsarbeit stellen sollten.

Tausende haben nur dadurch ihr Ziel erreicht, weil sie bis zuletzt unbeirrt an sich selbst, an ihren Sieg glaubten.

Wir müssen Ziele haben, die des vollen Einsatzes wert sind

Für jeden Beruf, jedes Unternehmen ist der Glaube an den Erfolg wichtiger als die vorhandenen Geldmittel.

Wo der Glaube an den Erfolg die Arbeits- und Zielhaltung bestimmt, da mehren sich auch kleine Mittel.

Was wir zur Stunde brauchen, ist die Bejahung des Positiven und des Guten, die Bejahung der innern Kraft.

Mittelmässigkeit überwinden

Schon einer unserer alten Weisen sagte : « Verankere dein Schifflein nicht am Tau.»

Was viele auch heute suchen, ist einzig ein ruhiger Ankerplatz.

Unsere Aufgabe, die wir hier haben, ist aber nicht die, immer wieder auszudenken, wie schön man es haben könnte, wenn... ja, wenn die Situation anders wäre, wenn man dies anders hätte, wenn jenes wie früher wäre usw. — sondern jeweils mit den Verhältnissen fertig zu werden, wie wir sie gerade jetzt, zur Stunde haben.

Nicht die Gunst, sondern vielmehr die Ungunst der Verhältnisse sind Hammer und Amboss, welche den Mann schmieden.

Mittelmässigkeit überwinden

Nur im ständigen Wandel der Entwicklung bewährt sich die Beständigkeit unserer Gesinnung.

Wenn uns Mängel rings um uns zu schaffen geben, dann sollten wir unsere Aufgabe gerade darin sehen, dieser Mängel Herr zu werden.

Die beste Aufgabe ist immer die, an uns selber eine Aufgabe zu sehen.

Viele suchen die Dinge nur ausser sich. Was wir aber erreichen wollen, ist in uns. Wir müssen es hervorbringen.

Wir müssen zuerst erkennen, was wir tun sollen, und dann den besten Weg zu diesem Ziele suchen und gehen.

Wir können den gestrigen Tag nicht zurückrufen, noch den morgigen verzögern.

Das Leben bewegt sich wie ein fliessender Strom. Es achtet nicht darauf, ob der Mensch mit der Strömung wirkt und lebt, oder ob er sich dagegen stemmt.

Mittelmässigkeit überwinden

Wer lebt, muss auf Wechsel gefasst sein. Er selber muss sich erneuern, um das, was die Zeit von ihm fordert, zu erkennen.

Leben heisst, sich um das Wie und Wohin des eigenen Weges kümmern.

Leben heisst nicht nur tätig sein, sondern wirken, wirken, damit es besser werde in uns und um uns.

Ein jeder schreibt seine eigenen Kapitel in das Tagebuch des Lebens, ob sie unleserlich, schief oder klar geschrieben, die Verantwortung für jedes Wort trägt jeder selbst.

Richtig betrachtet ist das Leben nicht so ungewiss, wie man es oft bezeichnet.

Es verlangt von uns nur die Betreuung und die Anwendung dessen, was uns an Gaben und geistigem Vermögen mitgegeben.

Der Besten Leben ist selbstgehämmertes Gold. Es wirkt durch sich. Der meisten Leben ist Eisen. Es kann glänzend werden, doch wer es nicht tätig und wirkend braucht, dem wird es der Rost zerfressen.

Darum heisst Leben wirken.

Mittelmässigkeit überwinden

Wichtige Dinge nur halb zu tun, ist nahezu wertlos ; denn meistens ist es die andere Hälfte, die zählt.

*

Ausserordentliche Leistungen schafft nur der Vorbereitete.

*

Jeder Tag gibt uns die Chance, etwas zu verbessern.

*

Wer nicht selbstzufrieden und bequem werden will, muss den Massstab für seine eigenen Leistungen höher setzen.

Mittelmässigkeit überwinden

Es gibt einen alten überholten Spruch : « Wissen ist Macht.» Wir wollen « Macht » lieber klein schreiben, weil der Mann der Praxis damit nichts anfangen kann. Besser ist also schon : « Wissen, *wie* man es macht.»

*

Unser Können hängt nicht davon ab, wie viele Erfahrungen wir machen, sondern davon, wie viele wir verdaut haben.

*

Manche Leute verlieren die besten Stunden am Morgen und bemühen sich, sie während dem Rest des Tages wieder einzuholen.

*

Schlechte Gewohnheiten bekämpft man nicht — man ersetzt sie durch gute.

Mittelmässigkeit überwinden

Wissen bedeutet : wissen *was* zu tun wäre. Können heisst : wissen *wie* wir es tun müssen, und Tüchtigkeit bedeutet das, was wir wissen und können, in die Tat umzusetzen.

*

Die Tatsache allein, dass ein Ding schon immer in irgend einer Weise gemacht wurde, weist uns auf die Möglichkeit hin, es anders und noch besser zu machen.

*

Jeder Erfolg ist ein Start für mehr.

*

Glauben wir an das Glück, aber schaffen wir es selbst.

Rechtzeitig entscheiden können

Es gibt Menschen, die überhaupt nicht mit der Zeit rechnen, und Menschen, die sich angewöhnen, zu sehr mit der Zeit zu rechnen. Beide haben nicht gelernt, wirklich ihre Zeit zu nützen.

*

Es ist kein Fehler, wenn wir wissen und erklären, dass wir Fehler gemacht haben ; denn das bedeutet zugleich, dass wir heute weiter denken als gestern.

*

Es gibt zweierlei Leute : solche, die heute ihr Bestes geben und es vergessen, und solche, die versprechen, morgen ihr Bestes zu geben, und es vergessen.

*

Wer Vorsätze fasst, muss vorher die Konsequenzen überdacht haben.

Rechtzeitig entscheiden können

Was bei erfolgreichen, führenden Menschen immer besonderen Eindruck macht, ist die Art, wie sie mit der Zeit umzugehen wissen, wie sie sich ihre Ziele stecken und diesen täglich ein wenig näher zu kommen suchen.

Rechtzeitig entscheiden können

Nicht wenige Leute glauben, je länger sie eine Entscheidung, einen wichtigen Schritt für irgend eine Verbesserung oder Änderung hinausschieben, um so mehr Irrtümer könnten sie vermeiden.

Diese Illusion zählt zu den schlimmsten, die sich ein Mensch zulegen kann. Er erreicht dadurch einmal, dass er selbst nichts erreicht, und verhindert überdies, dass alle, die unter ihm arbeiten, etwas erreichen.

Jeder Erfolgreiche weiss Entscheidungen nach gründlicher Prüfung rasch zu treffen.

Selbstverständlich mag ein Teil dieser Entscheidungen nicht ganz zutreffend sein, aber wenn er keine Entscheidungen trifft, werden andere sie treffen.

In Wirklichkeit können Fortschritte nur dann erzielt werden, wenn der Mann der Praxis gelernt hat, vorausehend rasch und treffend zu disponieren.

Rechtzeitig entscheiden können

Es gibt aber auch Menschen, die in das andere Extrem verfallen, und von einer unüberlegten Entscheidung zur andern hasten, die Entscheidungen treffen, nur um sie irgendwie los zu werden, oder um zu zeigen, dass sie etwas entschieden haben.

So handeln gewöhnlich Menschen, die kein eigenes Urteil haben, und doch Urteil demonstrieren möchten.

Zu glauben, dass wir irgend etwas von besonderem Nutzen erreichen, ohne ein bestimmtes Programm, ist eine weitere Hoffnung, die manchen hindert, rascher und besser ans Ziel zu kommen.

Zu viele Leute lassen sich vom Strom treiben, und strengen sich herzlich wenig an, dem Kurs eine bestimmte Richtung zu geben. Auch dann, wenn sie ein vages Programm im Hintergrund bereit halten, haben sie keinen Plan, um es auszuführen.

Wer Erfolg haben will, muss immer auch den Preis dafür bezahlen

Das Entscheidende bei der Erfolgsarbeit ist die geistige Haltung, die wir beim Fortschreiten von Teilziel zu Teilziel und von Tat zu Tat einnehmen.

Betrachten wir jede Aufgabe und jede Anforderung, die das Leben und unsere Arbeit an uns stellen, als Übungen und Erprobungen.

Tatsächlich stellen wir täglich uns selber, unsere Fähigkeiten und unser Können auf die Probe.

Sorgen wir dafür, dass wir stetig steigenden Anforderungen gewachsen sind.

Wer Erfolg haben will, muss immer auch den Preis dafür bezahlen

Jeder kann den Versuch unternehmen, in dieser oder jener Hinsicht erfolgreich zu sein, sei es durch gute Vollendung einer Arbeit, sei es durch aufsteigende Entwicklung eines Unternehmens oder durch die Arbeit an sich selber, am eigenen Leben.

Jedes vernünftig gestellte Ziel kann erreicht werden. Jeder kann das erreichen, was er sich wünscht, wenn er bereit ist, den Preis dafür zu bezahlen.

Es scheint dem Aussenstehenden oft furchtbar einfach, wenn dieses oder jenes erreicht, wenn da oder dort Bedeutungsvolles geschaffen wurde, wenn einer sich in irgend einer Hinsicht Geltung zu verschaffen wusste.

Wenn wir der Sache aber auf den Grund gehen, dann werden wir immer wieder auf einen Menschen stossen, der den Preis dafür bezahlt hat.

Wer Erfolg haben will, muss immer auch den Preis dafür bezahlen

Welches ist der Preis für eigenen und zugleich geschäftlichen Erfolg?

In aufbauender, ehrlicher Tätigkeit sein Bestes zu geben. Die gestellten Aufgaben wichtiger zu nehmen als sich selber. Dem Ganzen zu dienen.

Es bedeutet das alles und noch mehr.

Es bedeutet Beobachten und Planen, Möglichkeiten sehen und schaffen. Es ist das Mehr an Überlegung und Einsatz, das, was wir Tag für Tag und Jahr für Jahr unseren Aufgaben schenken.

Es ist, wie schon gesagt: Das ständige Streben, sein Bestes zu geben.

Danken können

Wer empfangen will, muss danken können. Wer nicht danken lernt, dem wird auch nie zu helfen sein.

Danken können

Die Gewohnheit, jeden Teilerfolg der eigenen Intelligenz und Tüchtigkeit zuzuschreiben, die Fehler aber äussern Umständen, lässt viele jede Dankbarkeit vergessen.

Nicht einen Augenblick nur denken sie an Dank, wenn es ihnen gut geht, klagen aber an, wenn Dinge sich nicht nach ihren Wünschen richten.

Sie identifizieren sich mit ihren Gaben und Talenten und werden aufgeblasen. Sie sehen nicht ein, dass sie diese nicht erfunden haben und bilden sich darauf etwas ein.

Gaben und Talente zu besitzen ist Gnade und niemals eigenes Verdienst.

Wer am innern und am äussern Leben baut, muss auch danken können. Er muss täglich danken für alles, was ihn ein gütiges Geschick gelingen lässt.

Wer gewohnt ist, für alles zu danken, was er empfängt, wird ein Mehrfaches empfangen, weil er die Bereitschaft dazu schafft.

Danken können

Wer dankbar ist, öffnet sich — ohne es zu wollen — Quellen, die ihm sonst verschlossen blieben.

Nie ist ein Dankvergessener glücklich und befreit. Von Herzen danken können, macht froh und sorgenfrei.

Wer empfangen will, muss danken können.

Beruflicher Erfolg — Erfolg in der Gemeinschaft

Auf jeden Einzelnen kommt es an, was aus dem Ganzen wird.

Der Weg, durch Gerissenheit Erfolge zu erzielen, scheint vielen verlockend und manchen als der am leichtesten begehbare.

Gewiss kann man durch Gerissenheit äussere Erfolge da und dort erzielen. Gerissenheit bringt jedoch nur Scheinerfolge.

Gerissenheit scheitert irgendwo und irgendwann.

Erfolge, die nicht in der Richtung der Entwicklung des Ganzen liegen, sind, richtig betrachtet, keine Erfolge. Wirklich erfolgreich sind wir nur da, wo wir gleichzeitig auch andern nützen, nicht wo wir ausnützen.

Das Ausschlaggebende ist die Dienstleistung.

Es ist keine billige Morallehre, wenn wir sagen, dass alles Erreichte wieder zunichte wird, wenn es niemand dient.

Das Gesetz des Ausgleichs sorgt dafür, dass irgendwie und irgendwann derjenige arm wird, der andere ärmer macht.

Nur was der Gemeinschaft dient, was dem Ganzen dient, kann auch uns dienen.

Beruflicher Erfolg — Erfolg in der Gemeinschaft

Wir sind Teil eines Ganzen, Teil einer Gemeinschaft. Das Wort: « Einer für alle, alle für einen », hat einen tiefen Sinn.

Der grösste Diener ist der Grösste von allen.

Nicht die Gaben und Talente, die wir besitzen, nicht die Kenntnisse und das Wissen, das wir uns angeeignet haben, sind von Wert, sondern einzig das, was wir geben.

Wesentlich ist unsere Leistung, wesentlich sind die Dienste, die wir unserem Vermögen entsprechend leisten.

Goethe sagt treffend: « Mann mit zugeknöpften Taschen, dir tut niemand was zulieb! Hand wird nur von Hand gewaschen; wenn du nehmen willst, so gib! »

Erfolg kommt von selbst zu dem, der nicht den Erfolg sucht, sondern einer Sache dient, die auch der Allgemeinheit nützt.

Dienst am Ganzen hat aber nicht die geringste Beziehung mit dem sehr bequemen Almosengeben. Unterstützungsgelder und Almosen bringen die Welt nicht weiter.

Wir geben und helfen nur dann, wenn wir dem Empfangenden die Möglichkeit geben, seine eigenen Kräfte zu entfalten und seiner Bestimmung zu leben.

Shaw bezeichnet jede Art der Wohltätigkeit als schlimmste soziale Verbrechen, und Ford erklärt: «Wir halten es für unsere industrielle Pflicht, den Leuten dazu zu verhelfen, sich selbst zu helfen. Die sogenannte Wohltätigkeit ist eine besondere Form der Selbstbeweihräucherung.»

Wirklich erfolgreich ist nur der werteschaffende, produktive Mensch.

Suchen wir immer mehr herauszufinden, was die Menschen brauchen, was wir für sie tun können und handeln wir entsprechend.

Wir sind tatsächlich dazu da, um uns gegenseitig zu helfen.

Jeden tatsächlichen Fortschritt auf dieser Welt verdanken wir Menschen, die von ihrem eigenen und erworbenen Wissen und Können ihren Mitmenschen gegeben haben.

Beruflicher Erfolg — Erfolg in der Gemeinschaft

«Die Gemeinschaft», sagt Goethe, «bildet eines wackeren Mannes höchstes Bedürfnis. Alle brauchbaren Menschen sollen in Bezug miteinander stehen, wie sich der Bauherr nach dem Architekten und dieser nach Maurer und Zimmermann umsieht...»

Ohne eine auf das Gemeinschaftswohl gerichtete Gesinnung gibt es keinen Erfolg, der befriedigt, und keine wirtschaftliche Gesundung.

Handeln wir stets nach dem Grundsatz, andern so zu dienen, wie wir selbst wünschen möchten, dass uns in der gleichen Lage gedient würde.

Was ist persönlicher Erfolg?

Wahrer Erfolg ist ein endloses Bemühen, und jeder Sieg bringt uns in eine höhere, aber schwierigere Klasse.

Zum Lebenserfolg gibt es keinen Lift. Man muss die Treppe benützen.

Was ist persönlicher Erfolg?

Erfolg kann für jeden etwas anderes bedeuten. Keinem Menschen können wir vorschreiben, gerade dieses oder jenes müsste ihm als persönliches Erfolgsziel erstrebenswert erscheinen.

Die Ansicht über das, was Erfolg ist, ist ebenso subjektiv wie etwa der Geschmack.

Auch im Erfolgsstreben gibt es guten und schlechten Geschmack, missgeleitetes und verdorbenes sowohl wie erzogenes und angeborenes Geschmacksempfinden.

Jeder Mensch setzt sich *die* Erfolgsziele, die seiner jeweiligen Entwicklungsstufe entsprechen.

Was dem einen als Erfolg erscheint, kann dem andern nichts bedeuten.

Darum kann auch das Erfolgsstreben eines Menschen nicht vom engen Gesichtspunkt eines andern beurteilt werden, sondern nur von dessen Wertmassstab und Entscheidungsstufe aus.

Wenn sich Menschen über primitiveres Erfolgsstreben oder über Ziele, die sie nicht verstehen, lustig machen, dann ist das immer ein Zeichen mangelnder Einsicht und fehlender Menschenkenntnis.

Was ist persönlicher Erfolg?

Lassen wir darum stets jedem einzelnen Menschen seine Erfolgsstufenziele. Sie sind immer der notwendigen Entwicklung und dem Charakter gemäss.

Wir können sicher sein, dass der Mensch zu allen Zeiten die Erfolgsziele hat, die in Wirklichkeit gerade zu ihm passen.

Für die meisten gibt es keine Sprünge im Leben, es geht Stufe um Stufe und jede folgende kommt erst an die Reihe, wenn die vorausgehende erreicht ist. Auch dann, wenn wir von aussen vermeintliche Sprünge einer persönlichen Entwicklung sehen, so wurde sie zuvor in Stufen innen erreicht.

Es gibt Leute, die jedes Entwicklungsstreben, das auch äussere Erfolge bringt, als materiell bezeichnen.

Diese Leute haben in der Regel ganz unklare Begriffe darüber, was Erfolg überhaupt ist. Dass Erfolgsstreben positiv sein kann, ist ihnen unbekannt. Entweder haben sie selbst keine Erfolge und können sich selbst nicht einmal in den einfachsten Dingen im Leben behaupten; die Trauben sind ihnen deshalb zu sauer, oder sie haben Erfolge auf falscher Ebene gesucht und warnen nun vor dem Ergebnis, das sie betraf.

Was ist persönlicher Erfolg?

Erfolg ist nie schlecht, wenn man sich nichts Schlechtes dabei denkt.

Erfolg ist immer positiv, wenn das Motiv dazu positiv, also gut ist.

Wirklicher Erfolg kann eigentlich gar nie negativ sein, denn sonst ist es kein Erfolg!

Wer von Erfolg spricht und meint Negatives, der spricht gar nicht vom Erfolg.

Jeder, der sich innerlich zu entwickeln sucht, strebt nach Erfolg in dieser Hinsicht; jeder, der seine Arbeit, ein Ding, ein Geschäft, einen Plan im positiven Sinne zu entwickeln sucht, arbeitet am Erfolg in dieser Richtung.

Erfolgreich zu sein ist das Natürlichste der Welt und gehört zu unserer ureigensten Bestimmung.

Die ganze Entwicklung, der Aufbau unserer Welt, an der wir Mitarbeiter sind, ist nichts anderes als ein Suchen und Trachten nach dem Besseren.

Daraus ergibt sich ganz von selbst, dass richtiges Erfolgsstreben nicht ein Streben um des Erfolges willen ist, sondern um der Entwicklung zum Besseren.

Was ist persönlicher Erfolg?

Wahrer Erfolg kommt nicht zu dem, der nichts als den Erfolg erstrebt.

Der wirklich Erfolgreiche ist nicht Diener seiner selbst, sondern Diener einer Sache, eines Ganzen und damit Diener aller.

Wer sich in diesem Sinne Aufgaben stellt und wer sie in diesem Sinne löst, dem wird auch der persönliche Erfolg zuteil.

Und wer in diesem Sinne erfolgreich an sich selbst und an den ihm gestellten Aufgaben arbeitet, der bejaht den Lebenserfolg, weil er seine Aufgabe darin sieht, sich zu entwickeln, das Beste aus sich herauszuholen und zu geben.

Der wahrhaft Erfolgreiche ist kein Erfolgssklave, kein Erfolgsjäger um jeden Preis.

Er verwaltet nur seine Talente. Er weiss, dass sie ihm gereicht sind zur besten Nutzung.

Nur weil er so sein Bestes gibt, darum ist er erfolgreich und ein wahrer, freier Mensch.

Vom Sinn des Erfolges

Da sagen nun einige, beruflicher Erfolg sei kein Erfolg, nur die Selbsterkenntnis und die geistige Entwicklung sei Zweck und Ziel des menschlichen Daseins und sie wollen jungen Leuten schon begreiflich machen, dass Erfolg an sich nichts bedeute.

Sie vergessen eines: äusserer Erfolg ist wohl wertlos ohne inneren Erfolg; was nützt aber einem Menschen der Hinweis auf geistiges Wachstum, wenn man ihm nicht gleichzeitig hilft, sich *im Leben* gemäss seinen Anlagen zu entwickeln, wenn man ihm nicht klar macht, dass seine Aufgabe darin liegt, zunächst in den naheliegendsten Problemen, die ihm das Leben stellt, sich zu bewähren; seinen Platz, an den er hingestellt ist, richtig auszufüllen.

Die erste Aufgabe, die unser harrt, ist die, uns dort zu bewähren, wo wir hingestellt sind.

Wie wir uns in den uns gestellten Aufgaben bewährt haben, das ist der Wertmesser unseres Erfolges.

Lebenserfolg ist nicht äusserer Erfolg, sondern innerer Erfolg; damit aber auch äussere Lebensmeisterung von innen her.

Vom Sinn des Erfolges

Um einen Vergleich zu ziehen, können wir sagen: Zweck und Ziel des Kochens sei, ohne Verschwendung, unter Benützung der verfügbaren Mittel, ein gesundes und zugleich schmackhaftes Gericht herzustellen. Wer aber Zweck und Ziel des Kochens erfüllen will, muss kochen können. Nur durch die praktische Übung im Kochen lernt man nach einiger Zeit mehr oder weniger Zweck und Ziel des Kochens erfüllen.

Wenn geistige Entwicklung Zweck und Ziel des Lebens ist, dann müssen wir auch noch die Mittel, die dazu führen, kennen lernen.

Wer nur aus angelerntem Wissen und aus Büchern «sich entwickeln» will, der erfüllt so wenig Zweck und Ziel des Lebens, als der Koch die Führung einer Küche nicht aus Büchern und Rezepten lernt.

Wer eine Strecke weit kommen will, muss entweder seine Beine oder ein Fahrzeug benutzen. Wer im Leben und in geistiger Hinsicht eine Strecke weit kommen will, muss die Schritte, die es dazu braucht, gleichzeitig, oder schon zuvor in seinem Wirkungsfeld, im Leben tun.

Vom Sinn des Erfolges

Schöpferisches Leben ist immer eine Auseinandersetzung mit den Problemen, die das Leben von aussen und von innen an uns stellt.

Erfolgreiche persönliche Lebensgestaltung ist zu einem guten Teil eine Angelegenheit der Selbsterziehung und der Persönlichkeitsentwicklung und sie spielt sich ab im Zusammenleben mit andern, in der Auseinandersetzung mit den Anforderungen des Lebens und des Berufs.

Wer diese Auseinandersetzung erfolgreich bestehen will, muss wissen, was er überhaupt will und was er selbst auf dem Wege dazu in die Waagschale legen kann, welchen Einsatz er selbst leisten kann und will.

Das führt dann auch ganz natürlich zur Selbstanalyse, zur Auseinandersetzung mit sich selbst.

Die imperative Forderung des « Erkenne dich selbst » ist darum richtig, weil wir ja einsehen müssen, was uns fehlt, worin uns Entwicklung und Förderung besonders not tut.

Vom Sinn des Erfolges

Selbsterkenntnis ist aber nur eine der Aufgaben, die uns aufgegeben sind.

Dieses sich kümmern um das eigene Ich bringt für viele eine Gefahr mit sich, sie bleiben andauernd bei dieser Beschäftigung mit sich selbst und stehen schliesslich dann sich selbst im Wege.

Selbstbetrachtung ist darum auch schwer, weil sich der Mensch gerne so sieht, wie er sich gerne sehen möchte.

Unter jenen, die sich zu häufig mit sich selbst beschäftigen, finden wir die ausgesprochenen Egoisten, denen jede Beziehung zum Mitmenschen und zum Ganzen fehlt. Diese Einstellung ist dann nicht selten ethisch oder religiös maskiert.

Disharmonische Naturen, mit sich selbst und mit der Welt Entzweite, sind die grössten Selbstbeobachter. Wer nur intellektuell Selbsterkenntnis zu treiben versucht, ist ohnehin auf falschem Wege. Ohne Liebe wird keiner einsichtig. Nur der Gebende ist ein Nehmender.

Vom Sinn des Erfolges

Daraus ergibt sich noch einmal, dass wir uns immer nur im schaffenden, dienenden Wirken entwickeln.

Prüfen und erkennen wir uns selbst, doch sei uns klar: aus Selbstprüfung und Selbsterkenntnis heraus muss immer auch befreiendes Sein und die befreiende Tat im Leben folgen.

Es leben nur die wahrhaft Tätigen.

Jedes echte Streben steckt sich ein hohes Ziel, das über Gewesenes hinausführt.

Es ist Trachten nach Verwirklichung, Erfolgsstreben im besten Sinne.

Wahrer Erfolg hat nichts zu tun mit bloss äusserem Nützlichkeitsstreben. Es gibt einen Lebensgehalt, der höher liegt als Umsatz, Spekulation und Gewinn.

Die höchste Stufe des Erfolges ist jedoch niemals abgesondert und getrennt vom Streben nach der Nützlichkeit.

Auch Geist ist von Materie « berührt ».

Vom Sinn des Erfolges

Immer, wenn sich etwas zur Höhe ringt, dann kommt es aus den niedrigeren Schichten. Was da ist, wird als Basis und als Übungsfeld benützt. Auch ein Flugzeug kann nur vom Rollfeld in die Höhe steigen.

Es gibt nun aber ein für alle gültiges höheres Erfolgsziel.

Den Weg weist uns die Frage nach dem Sinn des Erfolgs, wenn wir sie gleichzeitig auch als Frage nach dem Sinn des Lebens deuten.

Der grösste Erfolg, der einem Menschen zuteil werden kann, ist der, sein göttliches Selbst zu finden und nach innen und nach aussen seine Bestimmung zu erfüllen.

MENSCHEN BESSER VERSTEHEN — Emil Oesch

Das wichtigste Problem, das es zu lösen gilt, ist das Zusammenleben der Menschen. Wir sind immer die eine Hälfte einer Beziehung. Die eine Hälfte der Störung oder der Hilfe. Wer Leute für etwas gewinnen will, muß zuerst die Bereitschaft dazu schaffen. Das Büchlein packt das Problem von der richtigen Seite her an. Jeder müßte es lesen, denn manches Mißverständnis könnte vermieden werden.

48 Seiten, kartoniert

ÄLTER WERDEN UND JUNG BLEIBEN — Emil Oesch

Wie bleibt man auch im Alter jung? Es scheint schwerer, richtig zu altern, als erwachsen zu werden. Unsere Zeit verlangt jedoch Junggebliebene. Und es ist umso leichter, jung zu bleiben, wenn wir rechtzeitig darüber nachgedacht und damit angefangen haben. Man kann älter werden, sich aber dennoch jung fühlen und ein glücklicher Mensch sein. Dieses Buch weist einen begeisternden Weg.

80 Seiten, Leinen

DIE KUNST, ZEIT ZU HABEN — Emil Oesch

Wer keine Zeit hat für sich, ist unfrei. Die Zeitfrage ist nicht nur eine Frage beruflicher Geschicklichkeit, sondern eine Frage der Lebenskunst. Zeit ist insofern kostbar, als ihr Gebrauch unser Leben und seinen Gehalt bestimmt. Zeit ist nicht Geld, sondern Leben. Man kann reich oder arm sein allein aus dem Gebrauch der Zeit. Worin die Lösung des Zeitproblems liegt, danach suchen viele. Der Verfasser sagt es dem Leser, der Zeit hat, zuzuhören.

80 Seiten, kartoniert

MENSCHENKENNTNIS — MENSCHENBEHANDLUNG
Emil Oesch

Im Neudruck, 11. - 12. Tausend erschienen. Menschenkenntnis ist eine der wichtigsten Voraussetzungen, zwischenmenschliche Beziehungen zu verbessern. Das schmucke Leinenbändchen hat sich sogar bei Konfliktsituationen unter dem Personal als Helfer bewährt. Als nützliches Geschenk überreicht, hilft es gegenseitiges Verständnis und loyale Einstellung schaffen. Moralisten sind schlechte Menschenbehandler. Wo diese scheitern, schlichtet und gewinnt der Mensch mit Gemüt und gesundem Humor.

56 Seiten, Leinen

EMIL OESCH VERLAG AG, 8800 THALWIL-ZUERICH

Es gibt eine Lösung für jedes Problem!

Von Robert H. Schuller

Das Leben bringt Probleme und Schwierigkeiten mit sich. Es ist aber gut zu wissen, daß in jedem Problem auch Möglichkeiten stecken. Kein Problem läßt uns so zurück, wie es uns vorfand. Auch große Probleme müssen kein Haltezeichen sein. Jedes Problem kann stärken oder schwächen, kann verbittern oder besser machen. Alles hängt von unserer Bereitschaft ab. Daß es wirklich eine Lösung für jedes Problem gibt, zeigt Schuller in diesem Buch, zu dem N. V. Peale das Vorwort schrieb.

244 Seiten

Jedem Buch aus dem Emil Oesch Verlag liegt eine Karte bei, mit der Sie die kostenlose Zustellung neuer Verlagsprospekte und „Briefe an den Mitmenschen" verlangen können.

EMIL OESCH VERLAG AG, 8800 THALWIL-ZUERICH

So hast du mehr vom Leben

Von Norman Vincent Peale

Jeder Mensch besitzt eine bestimmte Vorstellung von sich selbst. Und von dieser Vorstellung hängt es ab, was er erreicht. Er kann nur das erreichen, was er *glaubt* zu erreichen, und er kann nur das sein, was er *glaubt* zu sein. Darum sollten wir glauben und nicht zögern, uns dem Glauben anzuvertrauen.

Wenn wir Pessimismus und Trübsinn abstreifen und uns statt dessen in Optimismus und Begeisterung üben, werden sich erstaunliche Ergebnisse in unserem Leben einstellen. Selbst wenn unsere Fähigkeiten, Ausbildung und Erfahrung geringer sein sollten als die von anderen, können wir so gut wie jeden Mangel durch dynamische Begeisterung wettmachen.

Es gibt Ebenen des geistigen Lebens, an die keine Verzweiflung und Frustrierung herankönnen. Und friedvolles Denken bringt uns zu jener geistigen Ebene, wo uns nichts über Gebühr beunruhigen kann.

Das große Geheimnis, mit Sorgen fertig zu werden, besteht darin, als beherrschende geistige Haltung Glauben an die Stelle von Angst zu setzen. Zwei große Kräfte in dieser Welt sind mächtiger als alle anderen: Angst und Glaube, und der Glaube ist stärker als die Angst.

Leinen gebunden

Jedem Buch aus dem Emil Oesch Verlag liegt eine Karte bei, mit der Sie die kostenlose Zustellung neuer Verlagsprospekte und „Briefe an den Mitmenschen" verlangen können.

EMIL OESCH VERLAG AG, 8800 THALWIL-ZUERICH